Renato Manganotti

INSIEME al Giordano

Corso di religione cattolica per la scuola secondaria di primo grado

Palestra delle competenze

EDITRICE
LA SCUOLA

Coordinamento editoriale: Paolo Casari
Copertina e progetto grafico: Andrea Morando
Coordinamento redazionale: Francesca Mombelli
Realizzazione editoriale: Polyedros srl, Brescia

Le immagini sono di proprietà dell'Archivio fotografico dell'Editrice La Scuola.
Altre referenze iconografiche: Bigstock, Shutterstock

Stampa: Vincenzo Bona 1777 S.p.A

Indice

PRESENTAZIONE

Oggi la scuola non si limita a far acquisire conoscenze e abilità, ma si preoccupa anche di rendere gli studenti competenti. Ciò significa che la scuola si impegna a far sì che gli alunni siano in grado di usare capacità personali, conoscenze e abilità acquisite, per affrontare problemi e situazioni concrete della vita. Ma chi è l'alunno competente? È competente colui che, secondo le proprie possibilità, sa dare il meglio di se stesso nell'affrontare una situazione o un compito particolare.
Ciò considerato, è evidente che la "cura" per lo sviluppo delle competenze riguarda tutte le discipline scolastiche e, quindi, anche l'insegnamento della religione cattolica.
Ecco, allora, *La palestra delle competenze*: un sussidio che si affianca al testo per dare agli alunni la possibilità di osservare, riflettere e rielaborare, mettendo in gioco se stessi attraverso l'utilizzo concreto delle loro conoscenze e abilità. A tale proposito, questo sussidio propone diverse tipologie di esercizi per lo sviluppo delle seguenti competenze:

- **Guardo e descrivo:** osservare le immagini fotografiche cercando di comprendere ciò che rappresentano, quindi completare i relativi box descrittivi;
- **Leggo e comprendo:** leggere il testo e riflettere per riconoscere il significato di parole e frasi, comprendendo il senso globale del contenuto;
- **Rifletto e riassumo:** riflettere sul contenuto proposto collegandolo a quello del libro e riassumere il paragrafo completando la mappa concettuale;
- **Osservo e riproduco:** osservare l'immagine pittorica e cogliere il suo autentico significato, quindi riprodurla con cura attraverso l'uso delle matite colorate;
- **Completo e ripasso:** Completare le idee chiave dei singoli paragrafi inserendo le parole mancanti per fare un ripasso generale e riassuntivo dei contenuti dell'unità.

Si tratta di un utile ed efficace strumento per lo sviluppo delle competenze che, affiancando la programmazione annuale, è strutturato secondo l'ottica della *Didattica inclusiva*. In tal senso, anche la veste grafica e le varie illustrazioni, decisamente accattivanti e gradevoli, concorrono a rendere maggiormente piacevole il lavoro degli alunni nello svolgimento delle varie attività proposte.
Al termine di ogni percorso annuale, *La palestra delle competenze* offre una pagina particolare di approfondimento e riflessione per lo sviluppo generale delle competenze. Al termine del primo percorso vengo presentate *Le fonti della religione cattolica*, al termine del secondo *La linea del tempo della Chiesa*, al termine del terzo *Saper fare il cartellone di religione*.

Religione: la bussola dello studente

La bussola

È lo strumento che individua i punti cardinali ed è fondamentale in mare aperto per la navigazione; è dunque lo strumento indispensabile per orientarsi e giungere alla meta, senza navigare invano, vittima di venti e imprevisti, come Ulisse.

Anche tu hai bisogno della bussola, per navigare sicuro e con profitto nello studio di una disciplina più importante di quanto si immagini. Infatti, per studiare religione occorre partire dalla consapevolezza che essa – come ogni altra disciplina – è importante per la formazione della persona e del cittadino. D'altra parte, l'IRC risponde al bisogno di conoscere meglio la realtà in cui viviamo con le sue tradizioni e la sua cultura. Ecco allora i punti cardinali dello studente di religione.

Interesse e impegno

Il quaderno attivo

Il libro di testo

Regole base per lo studio

NORD: interesse e impegno	1	La scuola è una finestra sul mondo, un osservatorio che studia la realtà attraverso varie lenti: letteraria, storica, scientifica, tecnica, artistica e religiosa.
	2	La scuola è il luogo della ricerca e della scoperta: un luogo dove ogni affermazione dev'essere il frutto di un percorso serio di studio, analisi e riflessione.
	3	Studiare religione significa apprendere contenuti molto importanti quindi, come per ogni altra disciplina, occorre acquisire un metodo di studio.
	4	Per studiare religione è necessario conoscere alcuni passaggi fondamentali per imparare ad apprendere, assumendo un atteggiamento diligente e responsabile.
SUD: regole base per lo studio	1	Ascoltare con attenzione le indicazioni e le spiegazioni dell'insegnante, cercando di partecipare attivamente alle varie fasi della lezione.
	2	Prendere appunti quando l'insegnante amplia l'argomento ponendo, in caso di dubbi o difficoltà, le opportune domande.
	3	Mettere ordine sulla propria scrivania: nel disordine e nella confusione è impossibile avere la pretesa di studiare e apprendere.
	4	Fare silenzio dentro e fuori di sé: accantonare i pensieri che affollano la mente ed eliminare ogni disturbo e rumore esterno come tv o cellulare.
	5	Fare prima di tutto una lettura "orientativa", sfogliando le varie pagine dell'unità, per farsi un'idea generale dei contenuti e dei vari approfondimenti.
	6	Leggere con attenzione i contenuti dell'unità, sottolineando frasi e parole chiave e cercando di comprendere il significato delle parole difficili.
	7	Rileggere con attenzione i vari paragrafi, uno per uno, cercando di ricavare e fissare per ciascun paragrafo le informazioni fondamentali.
	8	Ripetere il testo ad alta voce, paragrafo per paragrafo, cercando di formulare una breve mappa riassuntiva per favorire la memorizzazione.
	9	Prima di ogni lezione ripassare sempre la lezione precedente.
EST: il libro di testo	1	È lo strumento che, più di ogni altro, accompagna e sostiene l'alunno nel suo processo di apprendimento; è un sicuro punto di riferimento.
	2	Contribuisce a far maturare la consapevolezza del valore del "fare religione" quale attività essenziale, per meglio comprendere la vita, la storia e la cultura.
OVEST: il quaderno attivo	1	È il biglietto da visita di ogni alunno: un indice abbastanza chiaro dell'interesse che ha per l'IRC e permette di valutarne anche l'impegno e l'autonomia.
	2	Serve anche per compilare la scheda progettuale di ogni unità, permettendo così di conoscere e comprendere il percorso di apprendimento.
	3	La corretta gestione del quaderno attivo permette all'alunno di appropriarsi di un metodo di lavoro lineare, ordinato e rigoroso.

Classe prima

L'uomo e la religione

GUARDO E DESCRIVO

COMPETENZA

Osservare le immagini fotografiche cercando di comprendere ciò che rappresentano, quindi completare i relativi box descrittivi.

A che cosa fa pensare un tramonto sul mare come questo?

....

....

....

....

....

....

....

LEGGO E COMPRENDO

COMPETENZA

Leggere il testo e riflettere per riconoscere il significato di parole e frasi, comprendendo il senso globale del contenuto.

Chi guarda con l'occhio di Dio

Dimmi cosa vedi e ti dirò dove sei. Sono tornato dalla montagna dove ho scattato tante foto su tanti splendidi panorami. Quasi ad ogni foto che mostravo loro, riconoscendo i paesaggi, i miei amici mi sapevano dire: tu sei stato sulla tale montagna, sei salito sulla Tofana, sei arrivato al Lagazzuoi, sulla Tognola, sulla Rosetta, hai fotografato dalla Malga Pala o dai rifugi Lavaredo, Locatelli, ecc... perché questi panorami, queste vette si possono guardare, osservare solo da quel preciso punto di vista. Un amico che ha letto uno dei libretti in cui racconto le vicende normali della mia, della tua giornata, mi ha detto: "si capisce che tu vivi in Dio. Solo stando in Dio si può osservare quello che dici. Un simile punto di vista fa di te un contemplativo". Chi guarda con l'occhio di Dio vede e gode il positivo d'ogni persona, si rallegra della bellezza d'ogni cosa, si stupisce dell'infinito svelato in un immenso cielo stellato, come nel più tenue e nascosto filo d'erba. "Ovunque il guardo io giro, immenso Dio ti vedo; nell'opere tue t'ammiro; ti riconosco in me". Mi stupisce sempre il senso di gioiosa novità che gli amici scoprono nel leggere i miei racconti. A me sembrano quotidianità normali e banali quasi non degne di essere narrate. Ma mi hanno convinto che ho il dovere di raccontarle perché nuove e avvincenti le rivela il guardarle con l'occhio della fede che è il punto di vista di Dio. Trasmettere agli altri la luce della tua contemplazione: è un dovere preciso dei contemplativi riflettere il cielo sulla terra: stare in Dio per raccontarne con la propria vita l'esperienza e rivelare a tutti la luce, la bellezza e la meraviglia di ciò che ognuno porta in sé e attorno a sé vede.

[Adattato da: A. Panont, *Lo stupore è bambino*, Mimep-Docete]

1. I miei amici mi sapevano dire:

- [A] Tu sei salito sulla montagna e hai ammirato il panorama
- [B] Tu ha fotografato la Malga Pala dove vivono i Locatelli
- [C] Tu sei stato sulla tale montagna, sei salito sulla Tofana

2. Un amico che ha letto uno dei libretti in cui racconto le vicende normali della mia, della tua giornata, mi ha detto:

- [A] Si capisce che tu vivi in Dio. Solo stando in Dio si può osservare quello che dici
- [B] Si capisce che tu guardi con l'occhio di Dio. Un punto di vista quasi contemplativo
- [C] Si capisce che stando in Dio si può osservare quello che dici. Hai l'occhio di Dio

3. Il termine contemplativo (riga 10) indica:

- [A] Una persona che sa contare in modo attivo ciò che gli sta attorno
- [B] Una persona che con qualsiasi tempo sa planare attivamente sui monti
- [C] Una persona che è in attenta e ammirata osservazione di qualcosa o di qualcuno

4. Chi guarda con l'occhio di Dio:

- [A] Si stupisce sempre per il senso di gioiosa novità che gli amici raccontano sui monti
- [B] Ritrova ovunque lo sguardo immenso di Dio che nelle opere ammira e prega
- [C] Vede e gode il positivo d'ogni persona, si rallegra della bellezza d'ogni cosa

5. Per quale motivo l'autore si è convinto che ha il dovere di continuare a raccontare?

....

Un mondo di religioni

GUARDO E DESCRIVO

COMPETENZA

Osservare le immagini fotografiche cercando di comprendere ciò che rappresentano, quindi completare i relativi box descrittivi.

Che cosa ti ricorda questa foto a proposito della religiosità primitiva? Spiegalo brevemente.

....

....

....

....

....

In questa foto è immortalata l'effige di un ....
e quindi appartiene alla civiltà ....
la cui religione è di carattere ....

Questa foto mostra un ....
tipico della religione ....
con molte ....

La Bibbia: libro della vita

GUARDO E DESCRIVO

COMPETENZA

Osservare le immagini fotografiche cercando di comprendere ciò che rappresentano, quindi completare i relativi box descrittivi.

A proposito di Qumran, che cosa ti fa venire in mente questa foto?

....

....

....

....

....

....

LEGGO E COMPRENDO

COMPETENZA

Leggere il testo e riflettere per riconoscere il significato di parole e frasi, comprendendo il senso globale del contenuto.

Una proposta: leggere la Bibbia

Quando abbiamo un momento di pausa nelle nostre attività, in modo speciale durante le vacanze, spesso prendiamo in mano un libro, che desideriamo leggere... Vorrei allora fare una proposta: perché non scoprire alcuni libri della Bibbia, che normalmente non sono conosciuti? O di cui forse abbiamo ascoltato qualche brano durante la Liturgia, ma che non abbiamo mai letto per intero? In effetti, molti cristiani non leggono mai la Bibbia, e hanno di essa una conoscenza molto limitata e superficiale.

La Bibbia – come dice il nome – è una raccolta di libri, una piccola "biblioteca", nata nel corso di un millennio. Alcuni di questi "libretti" che la compongono rimangono quasi sconosciuti alla maggior parte delle persone, anche buoni cristiani. Alcuni sono molto brevi, come il *Libro di Tobia*, un racconto che contiene un senso molto alto della famiglia e del matrimonio; o il *Libro di Ester*, in cui la Regina ebrea, con la fede e la preghiera, salva il suo popolo dallo sterminio; o, ancora più breve, il *Libro di Rut*, una straniera che conosce Dio e sperimenta la sua provvidenza. Questi piccoli libri si possono leggere per intero in un'ora. Più impegnativi, e autentici capolavori, sono il *Libro di Giobbe*, che affronta il grande problema del dolore innocente; il *Qoèlet*, che colpisce per la sconcertante modernità con cui mette in discussione il senso della vita e del mondo; il *Cantico dei Cantici*, stupendo poema simbolico dell'amore umano.

Come vedete, questi sono tutti libri dell'Antico Testamento. E il Nuovo? Certo, il Nuovo Testamento è più conosciuto, e i generi letterari sono meno diversificati. Però, la bellezza di leggere un Vangelo tutto di seguito è da scoprire, come pure raccomando gli *Atti degli Apostoli*, o una delle *Lettere*.

[Ridotto da: Benedetto XVI, *Udienza generale*, 3 agosto 2011, Libreria Editrice Vaticana]

1. Qual è la proposta che viene fatta:

- [A] Ascoltare qualche brano della Bibbia per intero durante Liturgia
- [B] Scoprire alcuni libri della Bibbia, che normalmente non sono conosciuti
- [C] Trovare un momento di pausa per soddisfare il desiderio di leggere
- [D] Leggere la Bibbia non limitandosi a una conoscenza superficiale

2. Il *Libro di Tobia*:

- [A] È un racconto che narra la fedeltà del cane Tobia al suo padrone
- [B] È un racconto che affronta il grande problema del dolore innocente
- [C] È un racconto che contiene un senso molto alto della famiglia e del matrimonio
- [D] È un racconto che testimonia la forza della Bibbia di fronte agli uomini

3. È il racconto di una straniera che conosce Dio e sperimenta la sua provvidenza:

[A] Il *Libro di Ester* [B] Il *Libro di Rut* [C] Il *Libro di Giobbe* [D] Il *Libro di Dalila*

4. Colpisce per la modernità con cui mette in discussione il senso della vita e del mondo:

[A] Il *Libro di Giobbe* [B] Il *Libro del Qoèlet* [C] Il *Libro di Tobia* [D] Il *Libro di Biblos*

5. Il *Cantico dei Cantici*:

- [A] È un stupendo racconto sul valore della famiglia
- [B] È un inno stupendo che canta il valore della musica
- [C] È un libro stupendo sul desiderio di difendere i bambini
- [D] È un stupendo poema simbolico dell'amore umano

OSSERVO E RIPRODUCO

COMPETENZA

Osservare l'immagine pittorica e cogliere il suo autentico significato, quindi riprodurla con cura attraverso l'uso delle matite colorate.

Il capolettera

Questa immagine è un capolettera miniato della Bibbia. Ma che cos'è un capolettera? È la lettera iniziale di un libro o di un capitolo finemente decorata – soprattutto con disegni floreali –, al cui interno è dipinta una scena particolare, rappresentativa del testo narrato. Si tratta, in questo caso, di una miniatura di Marco di Berlinghiero, un pittore lucchese del 1200 che ha decorato una intera Bibbia, oggi conservata nella Biblioteca capitolare di Lucca. I suoi capolettera si caratterizzano per una struttura chiara con all'interno figure semplici e ben distinte, come in questa miniatura in cui è rappresentato il profeta Osea all'interno della lettera "V".

1. Rispondi alle seguenti domande.

A Chi è l'autore di questa miniatura? ....

....

B Dov'è conservata la Bibbia che contiene questa miniatura?

....

C Che cos'è un capolettera? ....

....

....

....

D Che cos'è rappresentato all'interno di questa capolettera "V"? ....

....

....

....

2. Riproduci con cura l'immagine usando le matite colorate.

COMPLETO E RIPASSO

COMPETENZA

Completare le idee chiave dei singoli paragrafi inserendo le parole mancanti per fare un ripasso generale e riassuntivo dei contenuti dell'unità.

Completa le idee chiave dei vari paragrafi collocando negli appositi spazi le seguenti parole:
Agiografi – canonici – credenti – fede – fogli – frammenti
letterari – paoline – santi – senso – storici – traduzioni

1. Il libro della Bibbia

La Bibbia è un il libro di ...., è la Parola di Dio per ebrei e cristiani; è una raccolta di libri .... in cui è narrata la Storia della salvezza.

2. L'origine del testo biblico

Il testo biblico venne messo per iscritto a partire dal 1000 circa a.C., alla corte del re Davide; venne scritto su .... di papiro e di pergamena.

3. Aspetti letterari della Bibbia

La Bibbia è un'opera letteraria che narra la Storia della salvezza ed è stata scritta da molti ...., con vari generi .... e in diverse lingue.

4. I testi biblici e le traduzioni

La Bibbia, suddivisa in Antico e Nuovo Testamento, ha due fondamentali ....: quella greca dei Settanta (LXX) e quella latina detta Vulgata.

5. Le sezioni della Bibbia

L'A.T. comprende Pentateuco, Libri ...., Libri sapienziali e Libri profetici; il N.T. comprende Vangeli, Atti degli Apostoli, Lettere ...., Lettere cattoliche e Apocalisse.

6. Libri canonici e citazioni

La Bibbia è composta da molti libri detti ....: sono testi che la Chiesa riconosce come ispirati da Dio e, quindi, autentici.

7. La Bibbia: Parola di vita

La Bibbia è per i .... parola di Dio, una Parola fondamentale per i cristiani, un bene prezioso che dà .... alla vita.

8. I Rotoli di Qumran

A Qumran nel 1947, avvenne un'importantissima scoperta: furono ritrovati rotoli e .... dell'Antico Testamento risalenti al II secolo a.C.

La storia del popolo ebraico

GUARDO E DESCRIVO

COMPETENZA

Osservare le immagini fotografiche cercando di comprendere ciò che rappresentano, quindi completare i relativi box descrittivi.

Che cosa ti ricorda questa foto a proposito del popolo di Israele? Spiegalo brevemente.

....

....

....

....

....

In questa foto è immortalata una .... nel .... Era questa la "casa" che gli .... hanno usato durante il lungo .... verso la Terra ....

Questa foto raffigura il fiume .... attraverso il quale il popolo .... è entrato nella Terra di ....

LEGGO E COMPRENDO

COMPETENZA

Leggere il testo e riflettere per riconoscere il significato di parole e frasi, comprendendo il senso globale del contenuto.

Alle querce di Mamre

Dio promette ad Abramo tre cose: una numerosa discendenza, il possesso stabile della terra di Canaan e una perenne benedizione.

Dopo l'alleanza, Abramo si sposta verso la terra di Canaan, con il figlio di suo fratello Aran, un giovane di nome Lot. Sara e una parte del clan, con i greggi, seguono Abramo. Il patriarca e la sua gente si accampano in una località nel sud della Palestina. In quel luogo crescono numerose querce. Quella località si chiama Mamre. È qui che Dio manda ad Abramo tre angeli per assicurarlo che avrà un figlio da Sara.

I tre uomini sono angeli del Signore. Dio, qualche volta, si presenta ai personaggi della Bibbia sotto forma di angelo. L'angelo parla a nome di Dio, porta alle persone i messaggi del Signore. È una specie di ambasciatore che riferisce la volontà o i desideri di Dio.

L'anno dopo, secondo la promessa degli angeli, Sara concepisce e partorisce un figlio cui viene dato il nome di Isacco. Il nome Isacco in ebraico significa *ha riso*. Sara, infatti, aveva riso quando l'angelo aveva promesso ad Abramo un figlio. Con la nascita di Isacco, Dio realizza la prima promessa fatta ad Abramo. Isacco è il primo dei discendenti di Abramo, che saranno numerosi come le stelle e come i granelli di sabbia del deserto.

Dopo la nascita di Isacco, il vecchio Abramo capisce che la fiducia riposta nel Dio sconosciuto non è stata delusa. Abramo è felice. Spesso tiene Isacco tra le braccia e piange. Ora le sue sono lacrime di gioia.

[Ridotto e adattato da: G. De Roma, *Bibbia giovani*, Ed. Messaggero]

1. Dio promette ad Abramo tre cose:

- A Una numerosa discendenza, il possesso della terra e l'alleanza di Canaan
- B Una numerosa discendenza, la benedizione nella terra di Canaan e l'alleanza
- C Una numerosa discendenza, l'alleanza del Sinai e il possesso della terra
- D Una numerosa discendenza, il possesso della terra di Canaan e la benedizione

2. Il nipote di Abramo è:

A Lot | B Mamre | C Aran | D Aronne

3. Dio manda ad Abramo tre angeli:

- A Per assicurarlo che avrà un figlio da Sara
- B Per assicurarlo che avrà in dono la Terra promessa
- C Per assicurarlo che riceverà la benedizione
- D Per assicurarlo sull'alleanza del Sinai

4. Alla riga 7 la parola "angeli" può essere sostituita con il termine:

A Divinità | B Spiriti | C Santi | D Messaggeri

5. Con la nascita di Isacco:

- A Abramo si fida e si mette in cammino verso Ur di Caldea
- B Dio realizza la prima promessa fatta ad Abramo
- C Sara avrà figli numerosi come le stelle e i granelli di sabbia
- D Abramo si avvia verso il monte Sinai per offrire il suo sacrificio

RIFLETTO E RIASSUMO

COMPETENZA

Riflettere sul contenuto proposto collegandolo a quello del libro e riassumere il paragrafo completando la mappa concettuale.

Per riflettere

Giuseppe in Egitto: Giuseppe è figlio prediletto di Giacobbe. I fratelli, gelosi, lo vendono a mercanti diretti in Egitto. Qui, divenuto schiavo, viene gettato in prigione. Durante la sua prigionia interpreta i sogni di due servi del faraone. Saputo il fatto, il faraone chiama Giuseppe a corte per interpretare il sogno che lo tormenta. Giuseppe gli spiega il significato e gli dice che cosa fare. Il faraone, soddisfatto, lo nomina viceré d'Egitto. Così egli salva l'Egitto, ma anche i suoi fratelli che sono venuti in terra egizia a chiedere grano.

Per riassumere

Completa la mappa sottostante collocando negli appositi spazi le seguenti parole:
~~Carestia~~ – ~~Egitto~~ – faraone – fratelli – ~~Giuseppe~~ – ~~mercanti~~ ~~prigione~~ – ~~schiavo~~ – sogni – ~~venduto~~ – ~~viceré~~

Invidiato dai fratelli

[GIUSEPPE]

viene venduto a dei

[MERCANTI]

diretti in Egitto dove

viene	interpreta i	salva l'
[VENDUTO]	[SOGNI]	[EGITTO]
come	del	e anche i suoi
[SCHIAVO]	[FARAUNE]	[FRATELLI ~~SOGNI~~]
e poi gettato in	che lo nomina	dalla
[PRIGIONE]	[VICERÈ]	[CARESTIA]

OSSERVO E RIPRODUCO

COMPETENZA

Osservare l'immagine pittorica e cogliere il suo autentico significato, quindi riprodurla con cura attraverso l'uso delle matite colorate.

Il profeta Isaia

Michelangelo Buonarroti (1475-1564) all'interno del grande affresco della volta della Cappella Sistina in Roma – dipinta tra il 1508 e il 1510 – ha raffigurato anche il profeta Isaia. Questo profeta, che insieme a Elia è considerato uno dei profeti più importanti della Bibbia, è qui rappresentato come se avesse appena interrotto la lettura del libro, riposto sotto il braccio sinistro. Infatti, pur tenendo ancora il segno nel libro con la mano destra, egli è rivolto verso il fanciullo riccioluto dietro di lui che lo sta chiamando. Il fanciullo è uno dei suoi due assistenti situati dietro il mantello. Lo sguardo del profeta Isaia appare pieno di tensione interiore. D'altro canto, egli è un messaggero divino che porta con sé notizie buone ma anche cattive. Egli, pertanto, appare come preoccupato per il messaggio che, ricevuto da Dio, dovrà trasmettere al popolo. Questa sua preoccupazione appare in qualche modo accompagnata anche dalla curva del mantello azzurro, con fodera verde, sollevato dal vento.

1. Rispondi alle seguenti domande.

A Chi è l'autore di questo affresco? ....

B Di quale grande affresco fa parte? ....

C Com'è rappresentato il profeta Isaia? ....

D Perché lo sguardo del profeta Isaia appare pieno di tensione interiore? ....

2. Riproduci con cura l'immagine usando le matite colorate.

COMPLETO E RIPASSO

COMPETENZA

Completare le idee chiave dei singoli paragrafi inserendo le parole mancanti per fare un ripasso generale e riassuntivo dei contenuti dell'unità.

Completa le idee chiave dei vari paragrafi collocando negli appositi spazi le seguenti parole:
Benedizione – carismatici – esilio – Labano – origini – passaggio
persiana – principe – promesse – provvidenza – romana – tribù

1. Abramo: un uomo di fede	Abramo, udita la voce di Dio, si fida delle sue .... e dopo un lungo viaggio arriva nella Terra di Canaan, dove sua moglie partorirà il figlio Isacco.	
2. Giacobbe: erede delle promesse	Giacobbe, ottenuta la primogenitura e la ...., sposa le figlie di ...., quindi dopo la lotta con Dio riceve il nome Israele.	
3. Giuseppe: viceré d'Egitto	Giuseppe, venduto dai fratelli, da schiavo diventa viceré d'Egitto: la .... che salva anche i fratelli dalla carestia.	
4. Mosè: salvato dalle acque	Mosè, salvato dalle acque, diventa .... d'Egitto ma, scoperte le proprie ...., Dio gli parla sul monte Oreb e lo invia a liberare Israele.	
5. Verso la Terra promessa	Il popolo d'Israele viene liberato dalla schiavitù d'Egitto attraverso il .... del mar Rosso.	
6. Giosuè e l'età dei Giudici	Conquistata la Terra di Canaan, Dio suscita i Giudici: capi .... attorno ai quali le .... rafforzano la loro unità, soprattutto nei momenti di pericolo.	
7. I re d'Israele e l'esilio	Ai re d'Israele, Saul, Davide e Salomone, segue la divisione del regno e la conquista assiro-babilonese con cui gli Ebrei vengono deportati in	
8. Il dominio straniero	Il popolo d'Israele subisce la dominazione ...., ellenica e	

La Palestina: Terra Santa

GUARDO E DESCRIVO

COMPETENZA

Osservare le immagini fotografiche cercando di comprendere ciò che rappresentano, quindi completare i relativi box descrittivi.

Che cosa ti ricorda questa foto a proposito della Galilea? Spiegalo brevemente.

....

....

....

....

....

....

In questa foto è immortalato il muro occidentale del .... di .... la città dove .... è stato crocifisso sul monte ...., ma è anche il luogo dove egli è stato .... e dove è ....

In questa foto viene mostrato il monte degli .... con l'orto dove Gesù ha .... prima del suo ....

LEGGO E COMPRENDO

COMPETENZA

Leggere il testo e riflettere per riconoscere il significato di parole e frasi, comprendendo il senso globale del contenuto.

Il Mar Morto

Il Mar Morto è il bacino idrico più salato della terra, dov'è possibile sperimentare l'incredibile sensazione di galleggiare a pelo d'acqua nella massima depressione terrestre, ben 420 m sotto il livello del mare. Il bacino, nonostante il nome, non è un mare, bensì un lago lungo 70 km e largo 15, la cui elevata salinità delle acque non permette che si sviluppi in esso alcuna forma di vita.

Nel Libro della Genesi, quando Dio parla della valle del Giordano, nei pressi del Mar Morto, si riferisce a questi luoghi come al "Giardino di Dio". Pare che qui fosse ubicato il Giardino dell'Eden. Il terreno fertile della valle e il clima temperato hanno attratto genti fin dall'età della Pietra, a prova di ciò ci sono gli oltre 200 siti archeologici fino a ora scoperti.

In questo luogo ci si può abbronzare senza scottarsi perché i raggi del sole sono maggiormente filtrati dai 400 m di aria in più, tra l'altro carica di ossigeno, ottima per chi ha problemi respiratori. Le proprietà terapeutiche delle acque del Mar Morto sono note fin dal tempo di Erode il Grande (2000 anni fa). Persino la bella Cleopatra inviava fin qui carovane di cammelli per farsi recapitare nei suoi palazzi in Egitto i sali, entusiasta dei loro benefici.

Il Mar Morto ha come immissario principale il fiume Giordano, ma non ha nessun emissario. Praticamente tutta l'acqua che riceve evapora, lasciando nel liquido restante i sali minerali portati dal fiume, così ne aumenta la concentrazione. Il Mar Morto ha una salinità di 330 grammi per kg di acqua, dieci volte superiore a quella media degli oceani. Di conseguenza la sua densità è molto alta e permette ad una persona di galleggiare senza alcuno sforzo.

[Da: R. Da Ros, *Nuotare nel Mar Morto a 400 m sotto il livello del mare*, in ruggerodaros.blogspot.it]

1. Il Mar Morto:

A È un lago salato
B È un fiume profondo
C È un mare privo di sale
D È un mare depresso

2. Dio parla della valle del Giordano, nei pressi del Mar Morto, come di un:

A Lago infinito
B Giardino di Dio
C Mare di Sion
D Bacino divino

3. Sulle rive del Mar Morto ci si può abbronzare senza scottarsi perché:

A La sua salinità permette di galleggiare senza annegare
B Il mare è carico di ossigeno ed è ottimo per chi ha problemi respiratori
C Il clima temperato filtra i raggi solari perpendicolarmente al mare
D I raggi del sole sono maggiormente filtrati dai 400 m di aria in più

4. Completa il brano dalla riga 18 alla riga 22.

Praticamente tutta l'.................... che riceve ...., lasciando nel .... restante i .... minerali portati dal ...., così ne aumenta la concentrazione. Il Mar Morto ha una .... di 330 .... per kg di acqua, dieci volte .... a quella media degli .... Di conseguenza la sua .... è molto .... e permette ad una .... di .... senza alcuno ....

RIFLETTO E RIASSUMO

COMPETENZA

Riflettere sul contenuto proposto collegandolo a quello del libro e riassumere il paragrafo completando la mappa concettuale.

Per riflettere

Il lavoro del villaggio: Al tempo di Gesù la gente viveva in piccoli villaggi impegnata in agricoltura, pastorizia, pesca, artigianato, commercio. Il lavoro impegnava tutta la famiglia che, in genere, aveva un orto per il proprio sostentamento; allevava qualche pecora per il latte e tesseva i propri vestiti. I figli maschi imparavano il mestiere del padre: Gesù imparò quello del falegname. Il lavoro del falegname era un lavoro duro, perché richiedeva anche l'abbattimento di alberi e la costruzione dei tetti delle case.

Per riassumere

Completa la mappa sottostante collocando negli appositi spazi le seguenti parole:
Agricoltura – artigianato – falegname – famiglia – latte
lavoro – orto – pastorizia – pecora – sostentamento

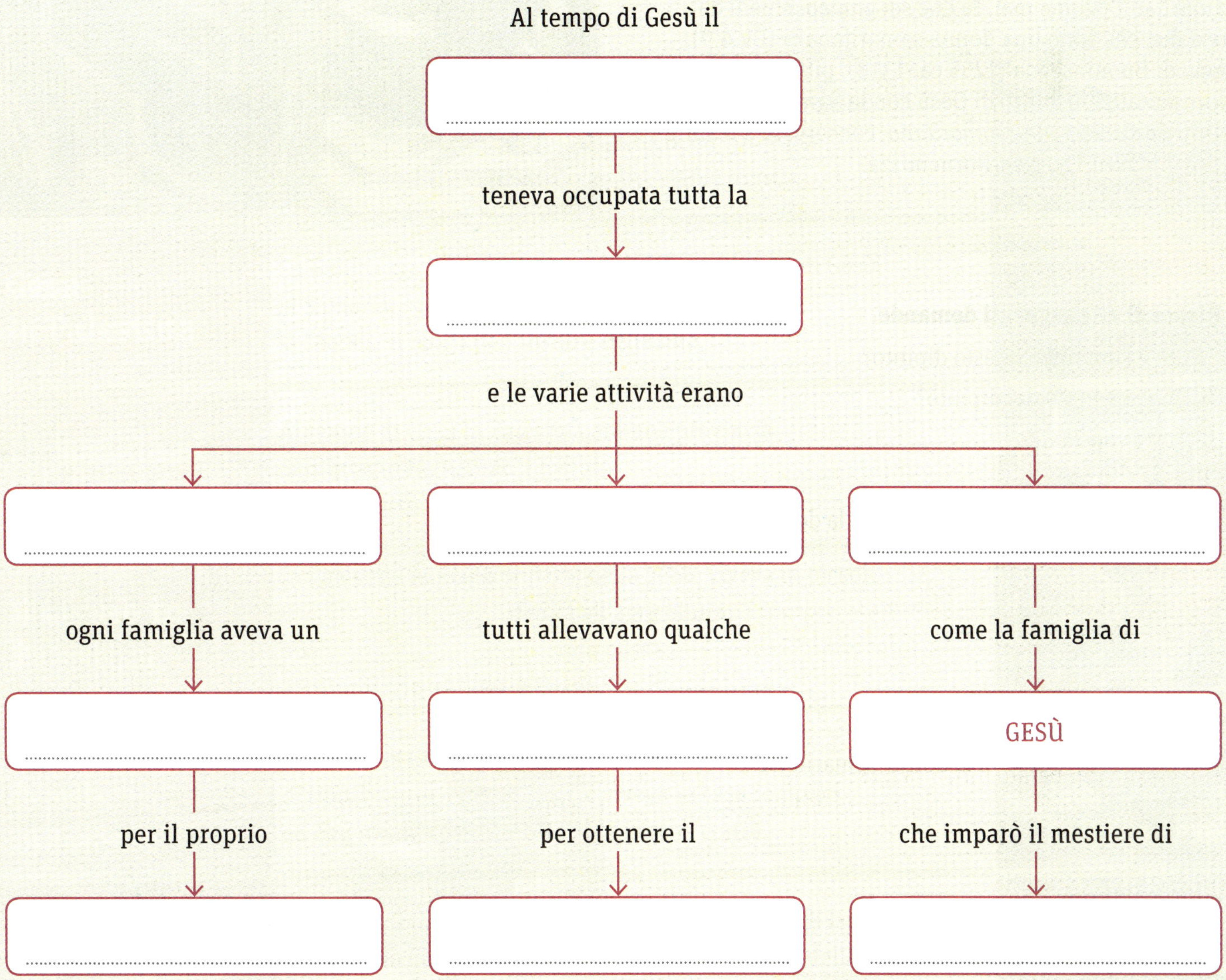

Il Gesù della storia

GUARDO E DESCRIVO

COMPETENZA

Osservare le immagini fotografiche cercando di comprendere ciò che rappresentano, quindi completare i relativi box descrittivi.

A proposito delle fonti storiche su Gesù, che cosa ti fa venire in mente questa foto?

....

....

....

....

....

....

In questa foto è immortalato uno scorcio della città di .... e, sulla sommità della colonna, c'è il .... di .... simbolo della città. L'evangelista, qui sepolto, aveva scritto il suo .... mentre era a ....

La foto mostra una bellissima ...., simbolo del .... di ....

LEGGO E COMPRENDO

COMPETENZA

Leggere il testo e riflettere per riconoscere il significato di parole e frasi, comprendendo il senso globale del contenuto.

L'archeologia

Per due terzi la Bibbia è un libro storico. Anche gli evangelisti hanno voluto fare della storia, che però bisogna ricollocare nel suo contesto, che è quello dell'Antichità e dei loro intenti di catechisti o persino di liturgisti. Dobbiamo necessariamente scendere su questo terreno. Accostandoci alla storia, certamente si è obbligati a porsi le domande dello storico: la verosimiglianza, il grado di storicità, le fonti... A venti secoli di distanza dagli avvenimenti la storia resta fondamentale ed è ancora interessantissimo confrontarci con i suoi dati e con quello che può dirci del contesto in cui si colloca il testo... C'è stato tutto un lavoro storico sul contesto ebraico al tempo di Gesù. Lo storico ci insegna che l'ebraismo era più complesso di quanto si pensasse. C'erano correnti diverse e antagoniste. Così, il cristianesimo nascente si inserisce bene in quell'ebraismo del primo secolo: in armonia con alcune correnti e opposto ad altre.

[Da: N. Seneze, *Così si scava nella Bibbia*, in «Avvenire», 12 dicembre 2004]

1. Alla riga 5 l'aggettivo "suo" si riferisce:

- A Alla Bibbia
- C Alla storia
- B All'archeologia
- D Alla volontà

2. Accostandoci alla storia:

- A Occorre conoscere anche la geografia
- B È necessario conoscere i fatti già accaduti
- C Si è obbligati a porsi le domande dello storico
- D È necessario affrontare lo studio dei codici biblici

3. Alla riga 16 il sostantivo "contesto" potrebbe essere sostituito con:

- A Principio
- B Luogo
- C Fondamento
- D Panorama

4. Alla riga 18 il termine "correnti" potrebbe essere sostituito con:

- A Venti
- B Onde
- C Idee
- D Strade

5. Indica quali di queste affermazioni sono vere o false:

A	A venti secoli di distanza dagli avvenimenti la storia resta fondamentale	V	F
B	Le domande dello storico sono la verosimiglianza dell'archeologia	V	F
C	Anche gli evangelisti hanno voluto fare della storia	V	F
D	Tutto era concepito per favorire la ricerca archeologica	V	F
E	Lo storico ci insegna che l'ebraismo era più complesso	V	F
F	C'erano correnti diverse e antagoniste in armonia tra loro	V	F

RIFLETTO E RIASSUMO

COMPETENZA

Riflettere sul contenuto proposto collegandolo a quello del libro e riassumere il paragrafo completando la mappa concettuale.

Per riflettere

Le fonti storiche: Gesù è una persona veramente esistita. La sua storia è documentata da varie fonti: fonti cristiane, fonti giudaiche e fonti romane. Le principali fonti cristiane sono i Vangeli, gli Atti degli Apostoli e le Lettere. Le fonti giudaiche sono gli scritti di Giuseppe Flavio e il Talmud. Le fonti romane sono gli scritti di Plinio il Giovane, Cornelio Tacito e Caio Svetonio. Queste fonti documentano con certezza l'esistenza storica di Gesù. Esse offrono importanti particolari sul momento storico in cui è vissuto.

Per riassumere

Completa la mappa sottostante collocando negli appositi spazi le seguenti parole:
Apostoli – cristiane – Flavio – fonti – Giovane – giudaiche – Lettere romane – storica – Svetonio – Tacito – Talmud – Vangeli

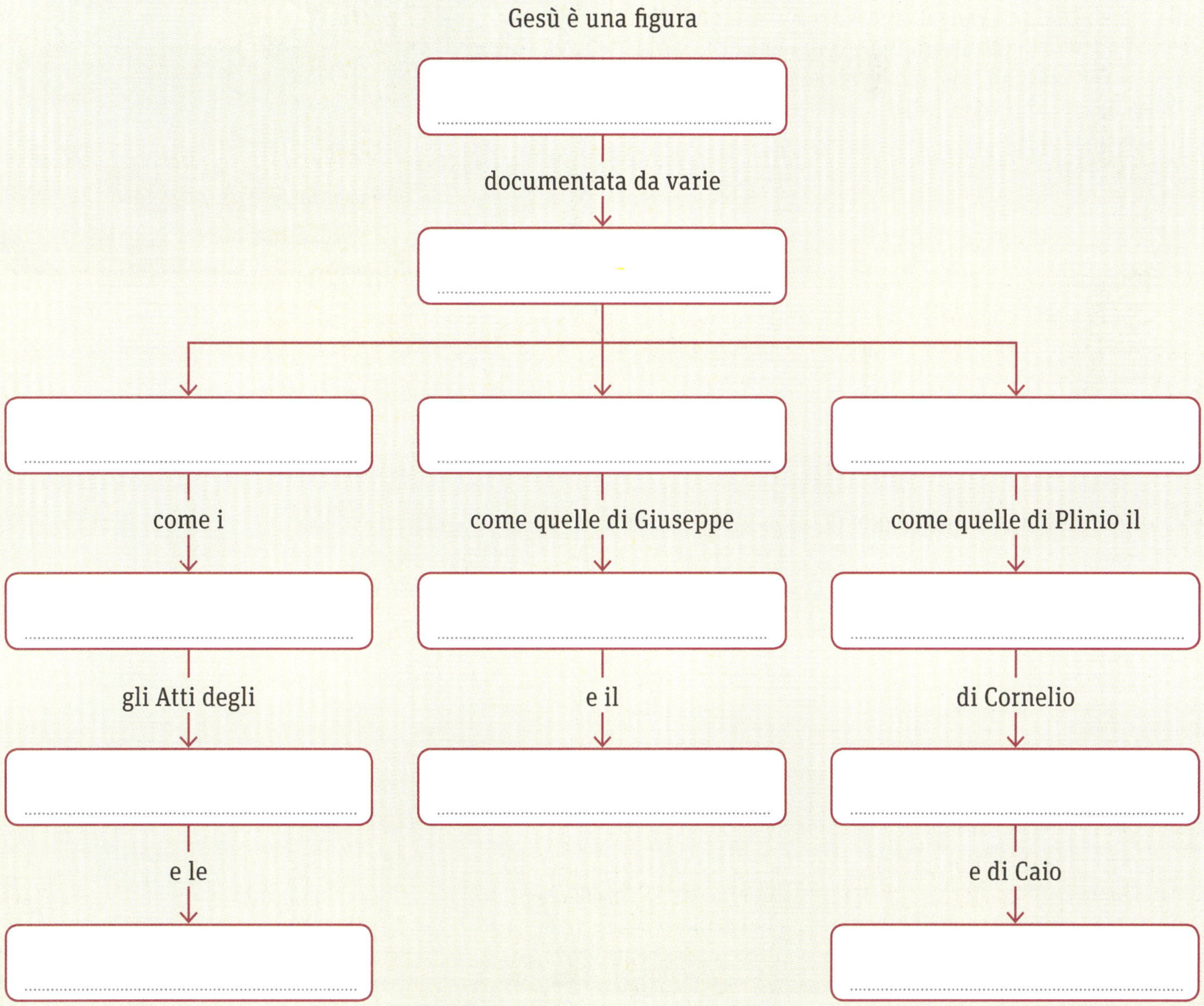

OSSERVO E RIPRODUCO

COMPETENZA

Osservare l'immagine pittorica e cogliere il suo autentico significato, quindi riprodurla con cura attraverso l'uso delle matite colorate.

L'evangelista Giovanni

Gli evangelisti, frequentemente dipinti all'interno delle chiese, sono sempre raffigurati con i relativi simboli. Tra questi, davvero belli ed eleganti sono quelli realizzati dal Pinturicchio (1452-1513) nella Chiesa di Santa Maria del Popolo a Roma. Egli, tra il 1508 e il 1510, ha affrescato la volta del Coro su cui ha ritratto gli evangelisti all'interno di quattro medaglioni. Tra questi, Giovanni è ritratto con l'aquila, perché nel suo Vangelo presenta con profondità e acutezza il mistero di Gesù vero Dio e vero uomo. Giovanni è l'unico, tra gli apostoli, che non ha abbandonato Gesù: lo ha seguito fin sotto la croce. Esiliato nell'isola di Patmos, è morto verso l'anno 105.

1. Rispondi alle seguenti domande.

A Chi è l'autore di questo dipinto? ....

....

B Dov'è si trova questo medaglione? ....

....

C Perché il simbolo di Giovanni è l'aquila? ....

....

....

....

....

D Giovanni fin dove ha seguito Gesù? ....

....

....

....

....

2. Riproduci con cura l'immagine usando le matite colorate.

COMPLETO E RIPASSO

COMPETENZA

Completare le idee chiave dei singoli paragrafi inserendo le parole mancanti per fare un ripasso generale e riassuntivo dei contenuti dell'unità.

Completa le idee chiave dei vari paragrafi collocando negli appositi spazi le seguenti parole:
Catechesi – Evangelista – fonti – passaggio – parallelo
periodo – salvezza – sinottici – storica – uomo – vero

1. La storicità di Gesù	Secondo le fonti, Gesù è nato nel .... in cui l'imperatore romano era Cesare Augusto, mentre è morto in croce durante l'impero di Tiberio.	
2. Le fonti storiche su Gesù	Gesù è una figura .... realmente esistita, documentata da varie ....: cristiane, giudaiche e romane.	
3. La Buona notizia	La parola vangelo significa "buona notizia" e il suo contenuto è l'annuncio di .... testimoniato da Gesù, con la sua vita, la sua morte e la sua resurrezione.	
4. Da Gesù ai vangeli	Il .... dal Vangelo, cioè da Gesù stesso, ai vangeli, gli scritti su Gesù, avviene mettendo insieme i detti di Gesù con le .... delle prime comunità cristiane.	
5. I quattro vangeli	Alla fine del Nuovo Testamento ci sono i quattro ....: il più antico è quello di Marco, poi ci sono quelli di Matteo, Luca e Giovanni.	 
6. I vangeli sinottici	I vangeli di Matteo, Marco e Luca sono detti .... perché seguono lo stesso percorso descrittivo e, letti in ...., offrono molte concordanze.	
7. Il Vangelo di Marco	Marco scrive il Vangelo a Roma durante l'impero di Nerone. L'.................................. ha infatti appreso la Buona notizia di Gesù risorto dalla predicazione di Pietro e Paolo.	
8. Gesù: il Dio con noi	Gesù è il Figlio di Dio fatto ....: il Dio con noi. Gesù non è solo uomo, ma è anche Dio: il Dio fatto uomo; Egli è vero Dio e .... uomo.	

Gesù il Nazareno

GUARDO E DESCRIVO

COMPETENZA

Osservare le immagini fotografiche cercando di comprendere ciò che rappresentano, quindi completare i relativi box descrittivi.

Che cosa ti ricorda questo foto di Nazareth con al centro la Basilica dell'Annunciazione?

....

....

....

....

....

....

In questa foto sono immortalati i resti della sinagoga di ....
dove Gesù ha vissuto il suo .... giorno di ....
Qui nella .... Gesù ha cominciato a ....,
lasciando tutti .... per la sua autorevolezza.

Questa foto richiama la figura di Gesù
.... che ha cura
delle sue ....

Le fonti della religione cattolica

La **religione cattolica** è una religione **storica**; si tratta cioè di una **realtà vera** e **documentabile** dotata di molte **fonti**. Ma che cos'è una fonte? Per fonte si intende qualsiasi cosa – materiale, scritta, orale, passata o presente – da cui si riesce a ricavare informazioni sul passato. Le *fonti*, dunque, sono le preziose tracce del passato.
Ogni volta che ci si trova di fronte a una fonte essa deve dirci alcune cose essenziali: che cos'è? Chi è il suo autore? A quando risale? Da dove proviene? Rispondendo a queste domande è possibile classificare la fonte, collocarla nel tempo e nello spazio, interpretarne il contenuto. Le fonti possono essere suddivise in questi quattro gruppi principali:

Fonti scritte	Fonti orali	Fonti materiali	Fonti visive
Lettere, racconti, leggi, iscrizioni, trattati, romanzi, certificati, elenchi, registri...	Leggende, racconti, interviste, usanze, canti, discorsi, proverbi, ricordi...	Fossili, scheletri, monete, utensili, armi, pietre, tombe, edifici, statue, vestiti...	Graffiti, dipinti, disegni, carte geografiche, fotografie, video, film, diapositive...

All'interno di questi quattro gruppi si possono, però, rintracciare anche dei sottogruppi:

Fonti scritte	**bibliche**	i libri della Bibbia: Antico e Nuovo Testamento
	storiche	narrazioni o atti giuridici, antichi o recenti
	letterarie	opere di scrittori come poeti, romanzieri e giornalisti
	ecclesiali	documenti di papi e vescovi, catechesi ed eventi
	civili	documenti politici, amministrativi, giuridici ed eventi
Fonti orali	**della tradizione**	vari aspetti o elementi degli usi e costumi di un popolo
	musicali	opere di musicisti e cantautori di tutti i tempi
Fonti materiali	**archeologiche**	luoghi, strutture, oggetti dei tempi antichi
	artistiche	sculture e architetture di tutte le epoche
Fonti visive	**archeologiche**	graffiti e dipinti dei tempi antichi
	artistiche	pitture, disegni, fotografie e film

Quindi, per una corretta comprensione del cattolicesimo, bisogna far riferimento alle sue fonti, che vanno considerate da vari punti di vista:

Secondo il valore	**fonti primarie**	sono quelle fondanti la fede cristiana come il Vangelo
	fonti secondarie	sono quelle derivate dalla fede cristiana
Secondo il tempo	**fonti originarie**	sono quelle relative al periodo iniziale del cristianesimo
	fonti posteriori	si collocano dopo il primo secolo della vita della comunità cristiana
Secondo la sostanza	**fonti religiose**	sono quelle che hanno origine all'interno della fede
	fonti non religiose	sono quelle che hanno origine al di fuori della religione

Classe seconda

La Chiesa delle origini

GUARDO E DESCRIVO

COMPETENZA

Osservare le immagini fotografiche cercando di comprendere ciò che rappresentano, quindi completare i relativi box descrittivi.

Che cosa ti ricorda questa foto a proposito del vento forte e gagliardo? Spiegalo brevemente.

....

....

....

....

COMPLETO E RIPASSO

COMPETENZA

Completare le idee chiave dei singoli paragrafi inserendo le parole mancanti per fare un ripasso generale e riassuntivo dei contenuti dell'unità.

Completa le idee chiave dei vari paragrafi collocando negli appositi spazi le seguenti parole:
Conoscenza – conversione – elezione – evento – falsamente – fede – festa fraterna – genti – guida – inatteso – martire – origini – storico

1. Gli Atti degli Apostoli

Il libro degli Atti degli Apostoli è un racconto .... e teologico sulle .... della Chiesa.

2. La nascita della Chiesa

Negli Atti degli Apostoli, Luca presenta la nascita della Chiesa, ... che si realizza nel 30 d.C. durante la .... di Pentecoste.

3. La prima comunità cristiana

La comunità di Gerusalemme è fondata su quattro colonne: l'insegnamento degli apostoli, l'unione ...., la frazione del pane e la preghiera.

4. Il diacono Stefano

Stefano, uno dei sette diaconi della comunità di Gerusalemme, è il primo .... della Chiesa: .... accusato, è morto lapidato.

5. Pietro il pescatore

Pietro viene posto da Gesù a .... della Chiesa con una particolare ....: «Tu sei Pietro e su questa pietra edificherò la mia Chiesa».

6. Paolo di Tarso

Paolo di Tarso frequenta la scuola del grande rabbino Gamaliele, acquistando una .... straordinaria della Bibbia.

7. Paolo sulla via di Damasco

Sulla via per Damasco avviene un fatto del tutto ....: la .... di Saulo grazie all'apparizione di Gesù Cristo.

8. Paolo e i suoi viaggi

Paolo fa tre viaggi missionari e scrive 13 lettere per sostenere nella .... le varie comunità ....

La Chiesa nei primi secoli

GUARDO E DESCRIVO

COMPETENZA

Osservare le immagini fotografiche cercando di comprendere ciò che rappresentano, quindi completare i relativi box descrittivi.

Che cosa ti ricorda questa foto a proposito di Roma, centro dell'Impero? Spiegalo brevemente.

....

....

....

....

In questa foto è immortalato il cunicolo di una .... sulle cui pareti in .... sono scavate nicchie .... chiamate ...., ma anche .... ossia tombe di famiglia con un .... sovrastante.

Questa foto mostra numerosi .... riuniti insieme come fossero in .... Famosi sono quelli di .... e .... da cui ha avuto origine il .... professato dai ....

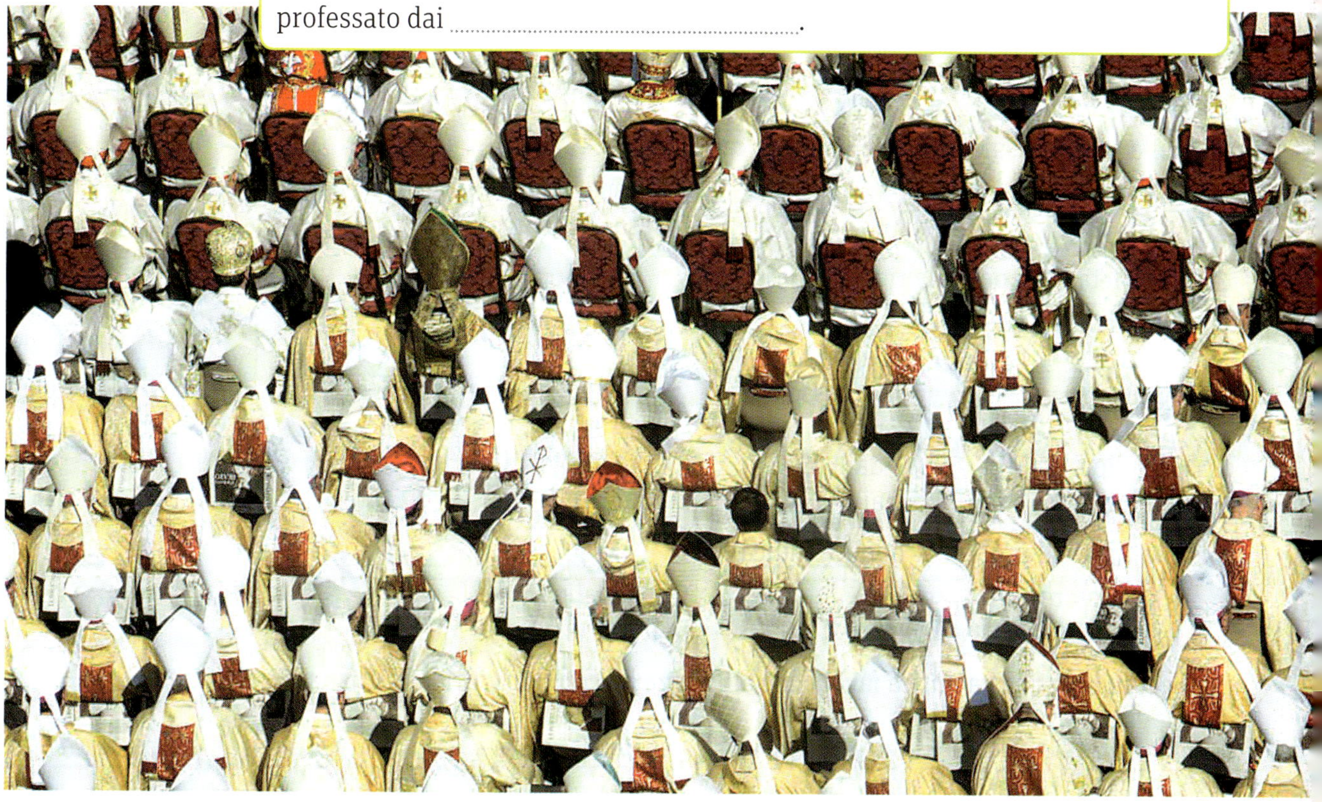

La Chiesa nel Medioevo

GUARDO E DESCRIVO

COMPETENZA

Osservare le immagini fotografiche cercando di comprendere ciò che rappresentano, quindi completare i relativi box descrittivi.

A proposito del monachesimo che cosa ti fa venire in mente questa foto?

....

....

....

....

....

....

In questa foto è immortalato un gruppo di ....
lungo un .... Nel Medioevo erano frequenti
i .... verso Santiago de ...., ma anche
verso San Michele .... sul ....

La foto mostra un'aula di ...., realtà nata
nel .... grazie alle scuole ....;
all'inizio in esse si sviluppò lo .... della teologia,
della .... e del ....

LEGGO E COMPRENDO

COMPETENZA

Leggere il testo e riflettere per riconoscere il significato di parole e frasi, comprendendo il senso globale del contenuto.

Francesco e il capitolo delle stuoie

Francesco stabilì che da ogni regione i frati convenissero ad Assisi, presso Santa Maria degli Angeli, due volte all'anno: per la festa di Pentecoste e di san Michele arcangelo. Avrebbero, così, avuto l'occasione di conoscersi e di discutere insieme i problemi religiosi di comune interesse. I più importanti raduni (che vennero chiamati capitoli generali) si ebbero nella Pentecoste del 1217 e del 1219.
Nel capitolo del 1217 l'Ordine venne diviso in province, presiedute da un superiore con il nome di ministro provinciale. Si organizzarono anche le missioni in terre straniere, dove vennero inviati religiosi zelanti e pii. Per la Terrasanta, dominata dai musulmani, partì un gruppetto di coraggiosi guidati da frate Elia di Assisi, che, più tardi, succederà a Francesco nel governo dell'Ordine.
Per il capitolo di Pentecoste del 1219 giunsero alla Porziuncola oltre cinquemila frati. Nessuno aveva previsto una partecipazione così numerosa. Si misero su, in fretta, stuoie per i vecchi e i malati; gli altri, che erano i più, dovettero ripararsi dal sole sotto l'ombra degli alberi e dormire al chiaro di sorella luna.
Al capitolo intervenne anche Antonio di Lisbona (il futuro sant'Antonio di Padova) che in quel tempo si trovava in Sicilia, dov'era approdato dopo un pauroso naufragio mentre tornava dal Marocco in Portogallo, sua patria.
A presiedere il raduno (che gli storici chiamano il capitolo delle stuoie), il papa Onorio III aveva inviato come suo rappresentante il cardinale Ugolino, amico e consigliere di Francesco. Nel vedere tanti frati, il cardinale esclamò: – Veramente questo è l'esercito dei cavalieri di Dio!

[Da: G.M. Colasanti, *Francesco d'Assisi*, Ed. Messaggero]

1. I più importanti raduni dei frati vennero chiamati:
A Capitoli relazionali B Capitoli generali C Capitoli principali D Capitoli essenziali

2. Nel capitolo del 1217 l'Ordine venne diviso in province, ovvero in:
A Un insieme di ospedali e conventi presieduti da un prefetto
B Un insieme di comuni dipendenti dal sindaco del capoluogo
C Un insieme di regioni dipendenti da un frate superiore
D Un insieme di conventi presieduti da un ministro provinciale

3. Alla riga 8, l'aggettivo "zelanti" potrebbe essere sostituito con:
A Caritatevoli B Indolenti C Solleciti D Devoti

4. Quali di queste affermazioni sono vere o false:
A Al capitolo di san Michele del 1217 intervenne anche Antonio di Lisbona V F
B I più importanti conventi francescani vennero chiamati capitoli generali V F
C Francesco stabilì che i frati convenissero ad Assisi due volte all'anno V F
D Per la Terrasanta partì un gruppetto di frati coraggiosi V F
E L'Ordine venne diviso in capitoli e conventi nel 1219 V F
F Nel 1219 giunsero alla Porziuncola oltre cinquemila frati V F

5. Al capitolo delle stuoie partecipò anche:
A Il superiore Michele B Il vescovo Antonio C Il papa Onorio III D Il cardinale Ugolino

RIFLETTO E RIASSUMO

COMPETENZA

Riflettere sul contenuto proposto collegandolo a quello del libro e riassumere il paragrafo completando la mappa concettuale.

Per riflettere

I monaci e la vita cistercense: I monaci cistercensi prendono il nome da Cîteaux, una località presso Digione, in Francia. Nel 1098, alcuni monaci benedettini si trasferiscono qui per promuovere uno stile di vita più povero e fedele alla regola di San Benedetto. I monaci cistercensi, sostenuti da una fede intensa, rendono vivibili paludi e foreste. Seguiti da molti, fondano centinaia di abbazie in tutta Europa, diffondendo fede, cultura e tecniche di lavoro. Tra i monaci cistercensi, particolare importanza ha Bernardo di Chiaravalle.

Per riassumere

Completa la mappa sottostante collocando negli appositi spazi le seguenti parole:
Abbazie – Benedetto – Cîteaux – cultura – Digione – Europa
fede – foreste – lavoro – povero – regola – vita – vivibili

I cistercensi prendono il nome da → ....
una località vicino a → ....
dove i monaci

- assumono uno stile di → .... → più → .... → e fedele alla → .... → di San → ....
- sostenuti dalla → .... → rendono → .... → paludi e → ....
- diffondono → .... → e tecniche di → .... → fondando → .... → in tutta → ....

OSSERVO E RIPRODUCO

COMPETENZA

Osservare l'immagine pittorica e cogliere il suo autentico significato, quindi riprodurla con cura attraverso l'uso delle matite colorate.

Francesco e Onorio III

La *Predica davanti a Onorio III* è uno degli affreschi appartenenti al ciclo pittorico di Giotto (1267ca.-1337) su san Francesco d'Assisi. Questa serie di dipinti, che si trovano nella Basilica superiore di Assisi, venne realizzata tra il 1295 e il 1329. Molto belli e realistici sono l'atteggiamento attento del papa Onorio III e la meraviglia dei prelati mentre ascoltano la predicazione di Francesco. Questo affresco presenta Francesco al cospetto del papa e dei cardinali mentre, predicando con grande fede ed efficacia, appare chiaro che egli parla per divina ispirazione. Infine, nella stanza sontuosamente arredata, i vari personaggi sono disposti seguendo una linea curva, che dà un senso di profondità.

1. **Rispondi alle seguenti domande.**

   A Chi è l'autore di questo dipinto?

   ....

   B Dove si trova questo affresco?

   ....

   ....

   ....

   C Quali sono gli atteggiamenti di Francesco e del papa? ....

   ....

   ....

   ....

   ....

   ....

   ....

2. **Riproduci con cura l'immagine usando le matite colorate.**

COMPLETO E RIPASSO

COMPETENZA

Completare le idee chiave dei singoli paragrafi inserendo le parole mancanti per fare un ripasso generale e riassuntivo dei contenuti dell'unità.

Completa le idee chiave dei vari paragrafi collocando negli appositi spazi le seguenti parole:
Civiltà – crociate – culturale – grazie – libertà – militari – originale
periodo – povero – radici – realtà – riforma – stile – verso

1. Il cristianesimo anima dell'Europa

Il Medioevo è un ....,
di circa mille anni, in cui il cristianesimo diventa
l'anima della .... europea.

2. Il movimento monastico

Il monachesimo fonda le sue .... in Oriente,
ma si diffonde in Europa .... a Benedetto
da Norcia.

3. Il monachesimo cistercense

Il monachesimo cistercense intende vivere la regola di san
Benedetto nella sua purezza ...., in maggiore
povertà e solitudine.

4. La riforma di Gregorio VII

Gregorio VII dà inizio alla .... della Chiesa,
per la quale desidera purezza e ....

5. I pellegrinaggi e le crociate

Il pellegrinaggio, segno della rinascita spirituale,
è una delle caratteristiche principali del Medioevo assieme
alle ...., che furono azioni ....

6. Le cattedrali e le università

L'armonia tra fede e ragione ha reso le cattedrali importanti anche
dal punto di vista ...., divenendo centri di studio
che sono all'origine delle università.

7. Il movimento francescano

Il movimento francescano si diffonde in tutta Europa
con uno .... umile e ....

8. La crisi del papato

La crisi del papato ha inizio .... la fine
del XIII secolo, quando la Chiesa si trova di fronte
la nuova .... degli stati nazionali.

La Chiesa nell'età moderna

GUARDO E DESCRIVO

COMPETENZA

Osservare le immagini fotografiche cercando di comprendere ciò che rappresentano, quindi completare i relativi box descrittivi.

Che cosa ti ricorda questo foto con il duomo della città di Erfurt in Germania?

....

....

....

....

....

....

In questa foto è immortalato il .... di Trento dove si celebrò il famoso .... col quale si riaffermò la dottrina ...., secondo la quale, a differenza delle tesi di ...., la .... e le .... sono insieme necessarie per ottenere la ....

Questa foto presenta la Torre di Londra dove fu rinchiuso .... che fedele alla sua .... e alla fede .... venne fatto .... dal re ....

LEGGO E COMPRENDO

COMPETENZA

Leggere il testo e riflettere per riconoscere il significato di parole e frasi, comprendendo il senso globale del contenuto.

Thomas More e la figlia Margaret

La notizia della condanna si era diffusa in un baleno e una gran folla – gente umile, artigiani e borghesi – si era radunata nei pressi di Westminster e lungo le strade fino al molo che si stende a lato della Torre.

I commenti erano i più vari, ma prevalevano le parole di commiserazione e di dolore. Erano accorsi soprattutto coloro, e erano innumerevoli, che da More erano stati beneficati, che di lui conoscevano la bontà e l'ardente fede.

Quando apparve in mezzo a un drappello di soldati armati di lance e alabarde, la folla gli si strinse intorno con tale impeto da rischiare di travolgere i soldati: invocavano il suo nome, gli tendevano le braccia, si ricordavano a lui. E per tutti More aveva un sorriso, uno sguardo, una parola.

Dovettero intervenire altri soldati per tenere a bada la folla, e il governatore della Torre, un uomo alto e massiccio, dall'aspetto fiero, incaricato di ricondurre il condannato in prigione, stentava a vincere la commozione per quella dimostrazione di affetto.

Cercando di aprirsi a forza un varco tra la folla e i soldati, una giovane donna quasi piombò ai piedi di More.

– Margaret... bambina mia!

Il drappello si fermò e i clamori a poco a poco si acquietarono.

– Padre... – la ragazza non riusciva quasi a palare per il pianto – non sapevo se ti avrei più rivisto su questa terra. Benedicimi, ti prego!

– Ti benedico per ogni respiro, bambina mia, e Dio voglia confermare questa benedizione. Vieni... – La strinse forte a sé. – Non devi piangere. Ricorda: devi essere forte. Il momento tanto atteso è arrivato. Pregherò per voi. Sei nel mio cuore, siete tutti nel mio cuore!

[Ridotto da: M.V. Pucci, *Tommaso Moro*, Ed. Messaggero]

1. A Westminster si era radunata una gran folla di:

A Gente colta, avvocati e giuristi
B Gente umile, artigiani e borghesi
C Gente ricca, nobili e cortigiani
D Gente povera, contadini e mendicanti

2. Alla riga 6 l'espressione "beneficati" potrebbe anche essere sostituita con:

A Ammaestrati
B Soccorsi
C Diseredati
D Dissetati

3. La folla si strinse intorno a More...

A ...con vigore e commiserazione piena di dolore
B ...con ardore tale da commuovere persino i soldati
C ...con forza al punto che egli tendeva loro le braccia
D ...con impeto rischiando di travolgere i soldati

4. Completa questa parte centrale del racconto.

Dovettero intervenire altri .... per tenere a .... la ...., e il .... della Torre, un .... alto e ...., dall'aspetto ...., incaricato di ricondurre il .... in ...., stentava a .... la .... per quella .... di ....

5. Alla riga 18 il termine "drappello" può essere sostituito con:

A Corporale
B Manigoldo
C Manipolo
D Caporale

RIFLETTO E RIASSUMO

COMPETENZA

Riflettere sul contenuto proposto collegandolo a quello del libro e riassumere il paragrafo completando la mappa concettuale.

Per riflettere

Chiesa e Riforma cattolica: Prima e durante la diffusione dello scisma protestante, la Chiesa cattolica vive la sua Riforma. Essa include anche la fondazione e la riforma di vari ordini religiosi. In particolare, il Concilio di Trento (1545-1563) riafferma la dottrina cattolica: la fede e le opere sono insieme necessarie per raggiungere la salvezza; i sacramenti sono mezzi efficaci per trasmettere la grazia santificante; la Sacra Scrittura deve essere letta sotto la sapiente guida della Chiesa. Il Concilio, infine, conferma il primato del papa come successore di Pietro.

Per riassumere

Completa la mappa sottostante collocando negli appositi spazi le seguenti parole:
Cattolica – Chiesa – efficaci – fede – grazia – letta – opere – papa
Pietro – primato – sacramenti – salvezza – Scrittura – Trento

Con la Riforma
....
la Chiesa celebra il Concilio di
....
con cui riafferma:

la	i	la Sacra	il
....	....	....	....
e le	sono mezzi	deve essere	del
....	....	....	....
sono necessarie per la	per trasmettere la	con la guida della	come successore di
....	....	....	....

OSSERVO E RIPRODUCO

COMPETENZA

Osservare l'immagine pittorica e cogliere il suo autentico significato, quindi riprodurla con cura attraverso l'uso delle matite colorate.

Cena in Emmaus

La *Cena in Emmaus* di Caravaggio (1571-1610), dipinto realizzato tra il 1601 e il 1602, è conservato presso la National Gallery di Londra. Lo stile del dipinto è il barocco: uno stile nato in risposta ai protestanti, per rafforzare la fede cattolica. In tal senso, il barocco intende impressionare l'osservatore. Questo dipinto rappresenta il momento in cui i discepoli di Emmaus riconoscono Gesù mentre benedice il pane. È un dipinto che allude al sacramento dell'Eucarestia, sacramento messo in discussione dai protestanti. La luce e il predominio dei colori bianco, verde e rosso paiono alludere alle tre virtù teologali: Fede, Speranza e Carità.

1. Rispondi alle seguenti domande.

A Che cosa rappresenta lo stile barocco?

....

....

....

B Quale particolare momento è rappresentato da questo dipinto?

....

....

....

C Indica quali colori corrispondono rispettivamente a:

- Fede ....;
- Speranza ....;
- Carità ....

2. Riproduci con cura l'immagine usando le matite colorate.

COMPLETO E RIPASSO

COMPETENZA

Completare le idee chiave dei singoli paragrafi inserendo le parole mancanti per fare un ripasso generale e riassuntivo dei contenuti dell'unità.

Completa le idee chiave dei vari paragrafi collocando negli appositi spazi le seguenti parole:
Carità – centro – coscienza – cristiani – dottrinali – fede – fedele – fragile
influenza – missione – personali – piani – salvezza – stesso – visione

1. Un nuovo concetto di uomo

Col Rinascimento fiorisce un nuovo concetto di uomo: egli è il .... di un mondo che governa lui ....

2. La Chiesa nel Rinascimento

Il Rinascimento ha .... anche in campo religioso: l'uomo non si sente più .... pellegrino, ma immagine di Dio.

3. Il monaco Martin Lutero

Lutero, monaco agostiniano, è un uomo tormentato dall'idea del peccato e dal problema della .... eterna.

4. La Riforma protestante

La Riforma protestante, causata da Lutero, si fa sentire in tutta Europa accentuando una .... individualistica della ....

5. La Riforma cattolica

La Riforma cattolica avviene su due ....: dal basso, con l'opera spontanea di tanti ....; dall'alto, con il Concilio di Trento.

6. L'arcivescovo Carlo Borromeo

Carlo Borromeo è uno dei più grandi vescovi della storia della Chiesa, ma soprattutto per lo spirito di fede, speranza e ....

7. Lo scisma anglicano

Lo scisma anglicano non si fonda su problemi ...., ma su questioni di interesse e opportunità .... e sociali.

8. Il cancelliere Thomas More

Thomas More, ex cancelliere del re Enrico VIII, va incontro alla morte per rimanere .... alla propria ....

La Chiesa contemporanea

GUARDO E DESCRIVO

COMPETENZA

Osservare le immagini fotografiche cercando di comprendere ciò che rappresentano, quindi completare i relativi box descrittivi.

Che cosa ti ricorda questa foto di Piazza della Bastiglia a Parigi? Spiegalo brevemente.

....

....

....

....

....

....

Questa foto ritrae una seduta del ....,
a cui parteciparono .... che, sotto la presidenza
del .... elaborarono 16 documenti: 4 ....,
9 .... e 3 ....

Questa foto mostra papa ....
con i giovani alle ....
da lui ....

La missione della Chiesa

GUARDO E DESCRIVO

COMPETENZA

Osservare le immagini fotografiche cercando di comprendere ciò che rappresentano, quindi completare i relativi box descrittivi.

Che cosa ti ricorda questa foto a proposito dell'annuncio del Vangelo? Spiegalo brevemente.

....

....

....

....

....

Questa foto immortala una piccola .... cristiana mentre celebra l'................................ presieduta da un .... La comunità cristiana è il luogo della .... fraterna, del pane .... e della ....

Questa foto mostra .... mentre saluta la sua ....: una madre .... che non rifiuta ....

I riti e i gesti della Chiesa

GUARDO E DESCRIVO

COMPETENZA

Osservare le immagini fotografiche cercando di comprendere ciò che rappresentano, quindi completare i relativi box descrittivi.

A proposito di salvezza, che cosa ti fa venire in mente questa foto?

....

....

....

....

....

....

LEGGO E COMPRENDO

COMPETENZA

Leggere il testo e riflettere per riconoscere il significato di parole e frasi, comprendendo il senso globale del contenuto.

La Chiesa: sacramento di salvezza

La parola «Chiesa» significa «convocazione». Designa l'assemblea di coloro che la Parola di Dio convoca per formare il popolo di Dio e che, nutriti dal Corpo di Cristo, diventano essi stessi corpo di Cristo.

La Chiesa è ad un tempo via e fine del disegno di Dio: prefigurata nella creazione, preparata nell'Antica Alleanza, fondata dalle parole e dalle azioni di Gesù Cristo, realizzata mediante la sua croce redentrice e la sua risurrezione, essa è manifestata come mistero di salvezza con l'effusione dello Spirito Santo. Avrà il suo compimento nella gloria del cielo come assemblea di tutti i redenti della terra.

La Chiesa è ad un tempo visibile e spirituale, società gerarchica e corpo mistico di Cristo. È una, formata di un elemento umano e di un elemento divino. Questo è il suo mistero, che solo la fede può accogliere.

La Chiesa è in questo mondo il sacramento della salvezza, il segno e lo strumento della comunione di Dio e degli uomini.

[Da: *Catechismo della Chiesa Cattolica*, Libreria Editrice Vaticana]

1. La parola "Chiesa" designa:

- A L'assemblea di coloro che, convocati da Gesù Cristo, formano il popolo di Dio
- B Convocazione di preti, vescovi e cardinali da parte del papa
- C L'insieme di coloro che, ascoltando la Parola di Dio, convocano il popolo
- D La convocazione dell'assemblea eucaristica presieduta dal papa e dai vescovi

2. La Chiesa è:

- A Parola di Dio
- B Via, verità e vita
- C Via e fine del disegno di Dio
- D Convocazione del papa

3. Alla riga 11, l'espressione verbale "prefigurata" potrebbe essere sostituita con:

- A Rappresentata
- B Premessa
- C Annunciata
- D Preclusa

4. Alla riga 15, la parola "cielo" può essere sostituita con:

- A Sole
- B Paradiso
- C Infinito
- D Etere

5. La Chiesa è una:

- A Formata dalla realtà divina umanizzata
- B Formata dalla sola realtà umana
- C Formata dalla sola realtà divina
- D Formata dalla realtà umana e divina

OSSERVO E RIPRODUCO

COMPETENZA

Osservare l'immagine pittorica e cogliere il suo autentico significato, quindi riprodurla con cura attraverso l'uso delle matite colorate.

L'Ultima Cena di Giotto

Tra il 1303 e il 1305 Giotto (1267ca.-1337) dipinge la Cappella degli Scrovegni a Padova. Tra i vari affreschi, l'*Ultima Cena* raffigura Gesù mentre dichiara: «In verità vi dico: uno di voi mi tradirà». Ambientata in una specie di porticato, gli apostoli hanno il volto attonito e, guardandosi tra loro, si interrogano su chi sia il traditore. Giuda, vicino a Gesù, è ritratto di spalle, vestito di giallo (il colore simbolo del tradimento). Giovanni invece, com'è tradizione, ha il capo poggiato sul seno di Cristo. Le aureole nere, in questo caso, sono il frutto casuale di particolari reazioni chimiche. L'*Ultima Cena* è anche il grande momento della istituzione dell'Eucarestia: il sacramento di salvezza in cui Cristo si fa pane di vita per l'umanità.

1. Rispondi alle seguenti domande.

A Dove si trova questo affresco di Giotto?

....

....

B Come è rappresentata la scena dell'*Ultima Cena*? ....

....

....

....

....

....

C Questo dipinto rappresenta anche un'importante sacramento, quale? ....

....

....

2. Riproduci con cura l'immagine usando le matite colorate.

COMPLETO E RIPASSO

COMPETENZA

Completare le idee chiave dei singoli paragrafi inserendo le parole mancanti per fare un ripasso generale e riassuntivo dei contenuti dell'unità.

Completa le idee chiave dei vari paragrafi collocando negli appositi spazi le seguenti parole:
Cammino – catecumenato – celebrazione – efficaci – fede – finalizzati – forza
grazia – perdono – presente – protagonista – sacramenti – servizio – settimanale

1. La liturgia e l'anno liturgico	Nella liturgia della Chiesa il .... è Cristo, che si fa .... con il suo Spirito.	
2. Il giorno del Signore	La domenica è il giorno del Signore, la Pasqua ...., in cui i cristiani si ritrovano insieme per la .... dell'Eucarestia.	
3. Il Simbolo della fede	Il Credo, detto anche Simbolo della fede, riassume la .... professata dai cristiani in Dio Padre, in Gesù Cristo e nello Spirito Santo.	
4. I gesti di salvezza	I sacramenti sono i segni .... dell'amore di Dio, istituiti da Gesù e affidati alla Chiesa per donare la .... santificante.	
5. L'iniziazione cristiana	L'iniziazione cristiana è il .... di fede detto ...., che culmina nella veglia di Pasqua.	
6. I sacramenti della iniziazione	I .... dell'iniziazione cristiana sono tre: il Battesimo, la Cresima e l'Eucarestia.	
7. I sacramenti della guarigione	I sacramenti della guarigione sono due: la Penitenza, per il .... dei peccati; l'Unzione degli infermi, per dar .... nelle gravi malattie.	
8. I sacramenti della vocazione	I sacramenti della vocazione sono due: l'Ordine e il Matrimonio e sono .... al .... degli altri.	

La linea del tempo della Chiesa

0

ETÀ ANTICA 476

0 - Gesù Cristo

42 - Pietro a Roma
61 - Paolo a Roma

64 - Nerone: Incendio di Roma

100

Persecuzioni ai cristiani

200

300

313 - Costantino: Editto di Milano

339 - Ambrogio di Milano
354 - Agostino d'Ippona

400

476 - Caduta Impero Romano d'Occidente

480 - Benedetto da Norcia

500

ALTO MEDIOEVO 1000

Nascita dei monasteri

600

700

800

800 - Carlo Magno: Sacro Romano Impero

900

910 - Fondazione Abbazia di Cluny

1000

BASSO MEDIOEVO 1492

Nascita delle cattedrali

1073 - Gregorio VII

Nascita delle università

1100

1182 - Francesco d'Assisi

1200

1265 - Dante
1267 - Giotto

1294 - Celestino V

1300

1347 - Caterina da Siena

Cattività avignonese

1400

1483 - Martin Lutero

1492 - Scoperta dell'America

1500

ETÀ MODERNA 1789

Riforma protestante - Riforma cattolica

1545 - Concilio di Trento

1600

1700

1789 - Rivoluzione francese

1800

ETÀ CONTEMPORANEA

1891 - Leone XIII

1900

1915 - Prima guerra mondiale

Regimi totalitari

1938 - Pio XII

1939 - Seconda guerra mondiale

1958 - Giovanni XXIII
1962 - Concilio Vaticano II
1963 - Paolo VI
1978 - Giovanni Paolo II

2000

2001 - Caduta delle Torri gemelle

2005 - Benedetto XVI
2013 - Francesco

Classe terza

Adolescenza: età di crescita

GUARDO E DESCRIVO

COMPETENZA

Osservare le immagini fotografiche cercando di comprendere ciò che rappresentano, quindi completare i relativi box descrittivi.

Che cosa ti ricorda questo foto a proposito dell'adolescenza? Spiegalo brevemente.

....

....

....

....

....

Questa foto ritrae la statua della ....
A tale proposito, ... Frankl sostiene che
la ...., se non è bilanciata
dalla ...., minaccia di degenerare.

Questa foto ritrae una coppia di ....:
essi ricordano che l'uomo si .... nella
.... tra ....
e ....

L'incontro tra Dio e l'Uomo

GUARDO E DESCRIVO

COMPETENZA

Osservare le immagini fotografiche cercando di comprendere ciò che rappresentano, quindi completare i relativi box descrittivi.

«Maschio e femmina li creò»: che cosa ti ricorda questa immagine?

....

....

....

....

....

....

LEGGO E COMPRENDO

COMPETENZA

Leggere il testo e riflettere per riconoscere il significato di parole e frasi, comprendendo il senso globale del contenuto.

Il desiderio di Dio

Un aspetto affascinante dell'esperienza umana e cristiana è il misterioso desiderio di Dio che l'uomo porta dentro di sé, nell'intimo del suo cuore, perché egli è stato creato da Dio.
Dio non cessa di attirare a Sé l'uomo, in maniera che egli non possa dimenticare la sua origine, per trovare la Verità e la felicità.
Nella nostra cultura occidentale, in cui predomina la secolarizzazione, l'uomo potrebbe anche non avvertire tale desiderio. In realtà, quello che abbiamo definito "desiderio di Dio" non è del tutto scomparso, in quanto, pur tendendo a determinati beni contingenti, confrontandosi con le realtà che lo circondano, l'uomo è chiamato intimamente a riconoscere il bene con cui può soddisfare i propri desideri.
Il bene supremo si realizza attraverso l'amore, esperienza che oggigiorno è spesso concepita come momento di estasi in cui l'uomo entra a contatto con il desiderio del trascendente. Infatti, attraverso l'amore, l'uomo e la donna sperimentano in modo nuovo, l'uno grazie all'altro, la grandezza, la bellezza della vita e del reale.
Se tutto ciò non è una semplice illusione, se si desidera davvero il bene dell'altro, allora bisogna essere disposti a mettersi al servizio dell'altro, rinunciando a se stessi.
Dall'estasi iniziale si deve uscire per sperimentare, attraverso l'amore, una dedizione assoluta, per il raggiungimento del bene altrui e, nel contempo, del proprio bene.
Tale cammino porterà alla liberazione del proprio io, che si realizza nel completo dono di sé verso la scoperta di Dio.

[Da: *Il misterioso desiderio di Dio*, in www.beatobartololongo.net]

1. Un aspetto affascinante dell'esperienza umana e cristiana è:
- A Il salutare anelito di Dio verso le frontiere della vita
- B Il progresso personale nel cammino di fede verso Dio
- C Il misterioso desiderio di Dio che l'uomo porta dentro di sé
- D Il predominio della ragione sulla fede e sulla scienza

2. Il termine "secolarizzazione" (riga 6) indica:
- A La perdita di molte caratteristiche religiose all'interno della società
- B Il tramandarsi della cultura plurisecolare all'interno della società
- C Il deteriorarsi secolare della civiltà all'interno della società
- D La crescita civile, religiosa e cristiana all'interno della società

3. Il "desiderio di Dio" è:
- A Una realtà utopistica generata dalla religiosità umana
- B Una realtà innata e profonda nel cuore dell'uomo
- C Una realtà introdotta per capriccio degli dei
- D Una realtà motivata dalla necessità di vivere in pace

4. Il termine "trascendente" (riga 14) si riferisce:
- A A Dio
- B Alla droga
- C All'effimero
- D Alla discendenza

5. Alla riga 20, il termine "dedizione" può essere sostituito con:
- A Speranza
- B Gioia
- C Deficienza
- D Cura

OSSERVO E RIPRODUCO

COMPETENZA

Osservare l'immagine pittorica e cogliere il suo autentico significato, quindi riprodurla con cura attraverso l'uso delle matite colorate.

Che senso ha la mia vita?

Carlo Carrà (1881-1966), pittore futurista, nel 1930 dipinge *Il barcaiolo*, un'opera appartenente a una collezione privata. L'uomo, seduto sulla spiaggia in un momento di pausa, pare concentrato su se stesso e, davanti al mare aperto, sembra chiedersi: Perché vivo? Che senso ha la mia vita? L'uomo ha il bisogno fondamentale di sentire che la sua vita ha un significato e con ogni mezzo cerca di trovare risposte alla sua domanda: "Perché vivo?". La barca appare qui come il simbolo più evidente della ricerca: il mezzo che, più di ogni altro, è in grado di andare alla ricerca della verità nell'immenso mare della vita.

1. Rispondi alle seguenti domande.

A Chi è l'autore di questo dipinto? ....

B Qual è il titolo del dipinto?

....

....

C Quando è stato realizzato? ....

....

....

D Che cosa sembra chiedersi l'uomo seduto sulla spiaggia?

....

....

....

....

....

....

2. Riproduci con cura l'immagine usando le matite colorate.

COMPLETO E RIPASSO

COMPETENZA

Completare le idee chiave dei singoli paragrafi inserendo le parole mancanti per fare un ripasso generale e riassuntivo dei contenuti dell'unità.

Completa le idee chiave dei vari paragrafi collocando negli appositi spazi le seguenti parole:
Aspirazione – beatitudini – bene – credente – cuore – desiderio – felicità – innocente
male – misericordia – mentalità – nostalgia – ostaggi – peccatori – sentiero – spirito

1. A immagine e somiglianza	La vita dell'uomo, chiunque esso sia, ... o non, è caratterizzata dalla costante e naturale .... di Dio.	
2. La ricerca della felicità	La .... è la principale .... dell'uomo. D'altro canto, Dio ha creato l'uomo per renderlo partecipe della sua felicità.	
3. L'uomo e il desiderio di Dio	Il .... di Dio è scritto nel .... di ogni uomo, perché è stato creato da Dio e per Dio: la fonte della felicità.	
4. Il Decalogo: il sentiero della vita	Il decalogo è il .... della vita: l'insieme dei principi che guidano l'agire dell'uomo, la via per vivere liberi e realizzare il	
5. La misericordia di Dio	Nessun uomo è perduto: Dio offre a tutti i .... la possibilità di pentirsi e di tornare a lui per ricevere la sua	
6. La ricerca di Salvador Dalí	Salvador Dalí, dopo la bomba atomica su Hiroshima, di fronte all'enormità del .... sente il bisogno di un ritorno ai valori dello	
7. Le Beatitudini: un progetto di vita	Le .... sono un autentico progetto di vita: la fotografia della vita cristiana! Un progetto che si realizza attraverso un cambio di	
8. Il carabiniere Salvo D'Acquisto	Salvo D'Acquisto, vicebrigadiere dei carabinieri, vittima della barbarie nazista, muore .... per salvare 22	

I grandi valori della vita

GUARDO E DESCRIVO

COMPETENZA

Osservare le immagini fotografiche cercando di comprendere ciò che rappresentano, quindi completare i relativi box descrittivi.

Che cosa ti ricorda questo paesaggio rurale con il campanile sullo sfondo? Spiegalo brevemente.

....

....

....

....

....

....

Questa foto richiama la realtà dell'uomo solo con la sua .... che, secondo la definizione del Concilio ...., «è il .... più .... e più .... dell'uomo, dove egli si trova .... con ...., la cui .... risuona nell'................................ propria».

Questa foto ritrae ...., che si è sempre considerata una piccola .... nelle .... di Dio, a servizio dei più .... tra i ....

OSSERVO E RIPRODUCO

COMPETENZA

Osservare l'immagine pittorica e cogliere il suo autentico significato, quindi riprodurla con cura attraverso l'uso delle matite colorate.

Il nucleo più intimo

Nel dipinto *Automat* (*Tavola calda*) del 1927, Edward Hopper (1882-1967) raffigura una donna seduta in totale solitudine all'interno di un locale pubblico. Col capo ricoperto da un ampio cappello, la donna appare assorta nei suoi pensieri mentre fissa la tazza di caffè che ha tra le mani. Questa sua silente solitudine appare come l'emblema della persona in ascolto della propria coscienza: un dialogo col profondo di se stessa da cui tenta di trovare la chiave della vita. Interessante lo sfondo buio in contrasto col bianco del tavolo, una luce che pare rimandare alla coscienza: il luogo luminoso dell'incontro con Dio, il nucleo più intimo e segreto di ogni uomo.

1. Rispondi alle seguenti domande.

A Chi è l'autore di questo dipinto?

....

B Quando è stato realizzato questo dipinto?

....

C Che cosa sembra stia facendo la donna?

....

....

....

D Che cosa suggerisce il contrasto fra chiaro e scuro? ....

....

....

....

....

2. Riproduci con cura l'immagine usando le matite colorate.

COMPLETO E RIPASSO

COMPETENZA

Completare le idee chiave dei singoli paragrafi inserendo le parole mancanti per fare un ripasso generale e riassuntivo dei contenuti dell'unità.

Completa le idee chiave dei vari paragrafi collocando negli appositi spazi le seguenti parole:
Campane – contadini – desideri – fondamentali – immagine – infinito – missione
mondo – nuova – parola – problema – sari – segreto – spirituale – vittorioso – voce

1. La realtà costitutiva dell'uomo

La persona è un essere a .... di Dio, capace di guardarsi dentro e di interrogarsi, capace di dialogo con Dio, con gli altri e con il ....

2. Il carattere spirituale della vita

Il carattere .... della vita si fonda su quanto detto da Gesù: «Non di solo pane vivrà l'uomo, ma di ogni .... che esce dalla bocca di Dio».

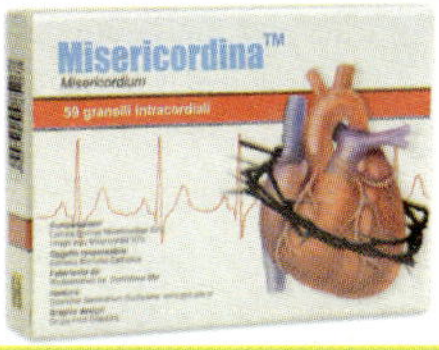

3. L'Angelus di Jean-François Millet

L'Angelus è un dipinto di Millet che rappresenta due .... mentre, al richiamo delle ...., interrompono il lavoro per recitare la preghiera.

4. La voce della coscienza

La coscienza «è il nucleo più .... e più sacro dell'uomo, dove egli si trova solo con Dio, la cui .... risuona nell'intimità propria».

5. I valori costitutivi della persona

I valori costitutivi della persona sono valori .... che scaturiscono dalla stessa natura umana e non dai .... dei singoli individui.

6. Speranza e morte cristiana

La speranza della vita .... si fonda sulla *Buona notizia* di Gesù Cristo .... sulla morte.

7. Vita e morte nelle religioni

Di fronte al .... della morte l'uomo ha cercato la risposta nella religione. D'altra parte, l'uomo ha in sé il desiderio di .... e di immortalità.

8. Madre Teresa di Calcutta

Madre Teresa ha indossato il .... indiano bianco e blu per servire i più poveri tra i poveri, iniziando la sua .... a Calcutta.

Il bene e il male nel mondo

GUARDO E DESCRIVO

COMPETENZA

Osservare le immagini fotografiche cercando di comprendere ciò che rappresentano, quindi completare i relativi box descrittivi.

Che cosa ti ricorda questa foto a proposito delle monache carmelitane? Spiegalo brevemente.

....

....

....

....

....

....

In questa foto è immortalata una città della Siberia: la sterminata .... dell'Unione .... dove vennero internati milioni di .... nei ....: i campi di .... e di .... istituiti per coloro che non aderivano alla .... di Stato.

Questa foto raffigura l'ingresso del campo di .... di .... in Polonia; simbolo del .... assoluto, in esso trovarono la .... 1.500.000 persone: per la gran parte erano ....

OSSERVO E RIPRODUCO

COMPETENZA

Osservare l'immagine pittorica e cogliere il suo autentico significato, quindi riprodurla con cura attraverso l'uso delle matite colorate.

San Giorgio e il drago

Una leggenda narra che a Silene in Libia vi era un terribile drago. Gli abitanti, per placarlo, furono costretti a offrirgli ogni giorno un giovane tirato a sorte. Quando toccò alla figlia del re, la principessa piangente si avviò al suo destino. Passò in quel momento il cavaliere Giorgio il quale affrontò il drago e lo uccise con la sua lancia. Giorgio, martire cristiano, divenne così il simbolo della lotta tra il bene e il male, la forza della fede che trionfa su quella del maligno. Vasilij Kandinskij (1866-1944), pittore russo, nel 1911 dipinge *San Giorgio e il drago*, opera custodita presso il Museo Russo di San Pietroburgo.

1. **Rispondi alle seguenti domande.**

   A Che cosa rappresenta questo dipinto? ....

   ....

   ....

   ....

   ....

   ....

   B Chi è il suo autore e qual è la data di realizzazione? ....

   ....

   ....

   ....

2. **Riproduci con cura l'immagine usando le matite colorate.**

COMPLETO E RIPASSO

COMPETENZA

Completare le idee chiave dei singoli paragrafi inserendo le parole mancanti per fare un ripasso generale e riassuntivo dei contenuti dell'unità.

Completa le idee chiave dei vari paragrafi collocando negli appositi spazi le seguenti parole:
Autolimitato – condizione – cristiano – ebrei – fame – fasi – mondo – opere – ovunque processo – ragione – rieducazione – silenzio – simbolica – territorio – vittima

1. L'uomo tra bene e male

Il bene e il male da sempre convivono nel .... ed è questa la .... in cui anche l'uomo si trova a vivere.

2. Il bene e il male in Bernanos

Georges Bernanos è uno scrittore francese, nonché un .... che assume come tema principale delle sue .... la lotta tra bene e male.

3. Le ideologie del male

Le ideologie del male sono il frutto di quel .... di separazione tra .... e fede che ha il suo culmine nell'Illuminismo.

4. La Crocifissione bianca di Chagall

La *Crocifissione bianca* di Chagall è un'opera altamente ....: riassume le sofferenze del popolo ebraico perseguitato ....

5. Una terra sconfinata di gulag

I gulag sono campi di lavoro e ...., disseminati su tutto il .... dell'Unione Sovietica, dove trovano la morte milioni di persone.

6. La Shoah nel cuore dell'Europa

La *Shoah*, che si sviluppa in tre diverse ...., si conclude con la morte di 6 milioni di ....

7. Parlare di Dio dopo Auschwitz

Il .... di Dio ad Auschwitz dipende dalla creazione, momento in cui, creando l'uomo libero e responsabile, Dio si è ....

8. Padre Massimiliano Kolbe

Padre Massimiliano Kolbe è morto ad Auschwitz, nel bunker della ...., dopo essersi offerto .... al posto di un altro prigioniero.

Società e religione oggi

GUARDO E DESCRIVO

COMPETENZA

Osservare le immagini fotografiche cercando di comprendere ciò che rappresentano, quindi completare i relativi box descrittivi.

Che cosa ti ricorda questa foto a proposito della società globalizzata? Spiegalo brevemente.

....

....

....

....

....

....

Questa foto ritrae la cattedrale di Amiens che svetta sopra la città. Come tutte le .... è simbolo delle radici .... dell'Europa, in cui ha trovato sintesi l'.................................. tra il mondo .... e quello ....

Questa foto mostra il papa .... assieme ai .... delle altre .... nell'incontro di .... del 27 .... 1986.

Le religioni del mondo

GUARDO E DESCRIVO

COMPETENZA

Osservare le immagini fotografiche cercando di comprendere ciò che rappresentano, quindi completare i relativi box descrittivi.

A proposito della religione induista che cosa ti ricorda questa foto? Spiegalo brevemente.

....

....

....

....

....

....

LEGGO E COMPRENDO

COMPETENZA

Leggere il testo e riflettere per riconoscere il significato di parole e frasi, comprendendo il senso globale del contenuto.

Gli ebrei e il passaggio alla vita adulta

Una tappa importante per gli ebrei è lo studio. In varie comunità si usa ancora oggi spalmare di miele le prime parole che il bambino impara a leggere in modo tale da rendergli più dolce lo studio e di fargli associare il ricordo del miele a quello dello studio.

Lo studio ha sempre avuto nell'ebraismo un significato particolare, anche perché è attraverso lo studio che si trasmettono le tradizioni e si perpetua la *Torah*. I genitori hanno il compito di educare i propri figli e di trasmettere loro il patrimonio culturale fino a che il ragazzo non divenga responsabile del proprio comportamento morale e religioso. Questo avviene quando compie tredici anni e diventa *Bar Mizwà*, cioè impegnato a tutti gli effetti all'osservanza delle norme ed entra a far parte del numero degli adulti che formano la comunità. Questa tappa segna il passaggio a una vita religiosa responsabile e, da questo momento, cessa per il padre l'obbligo di sorvegliare i doveri religiosi del figlio. Da questo momento egli diventa un elemento valido per far parte di un *minian* (quorum di dieci maschi adulti per la preghiera). Dopo il suo tredicesimo compleanno, alla prima occasione in cui viene letta la *Torah*, il ragazzo viene chiamato a "salire" alla *Torah*. Tale occasione viene sottolineata da una festa in suo onore che la famiglia offre ai parenti e agli amici. Per le ragazze l'onore e l'obbligo di osservare le tradizioni inizia a dodici anni e non a tredici. Secondo l'*halakhà* (la legge ebraica), una ragazza raggiunge la sua maturità "legale" a dodici anni e un giorno. In molte comunità un uso piuttosto recente vede le ragazze celebrare in questo giorno la loro entrata nel mondo dei precetti con una cerimonia detta *Bat Mizwà*. Durante la cerimonia le ragazze debbono recitare alcuni passi biblici. Così come succede per i ragazzi, è uso in questo giorno festeggiare.

[Da: S. Fatucci, *I momenti della vita ebraica*, in www.ucei.it]

1. Per gli ebrei lo studio ha sempre avuto un'importanza particolare perché:

A Attraverso lo studio trasmettono le loro tradizioni e perpetuano la Torah
B Attraverso lo studio spalmano di miele gli alunni che imparano a leggere
C Attraverso lo studio ogni comunità celebra una tappa importante della storia

2. A tredici anni un ragazzo ebreo:

A Diventa Bar Mizwà, cioè entra a fare parte degli adulti che onorano lo studio
B Diventa Bar Mizwà, cioè entra a fare parte degli adulti che formano la comunità
C Diventa Bar Mizwà, cioè entra a fare parte degli adulti che frequentano il bar
D Diventa Bar Mizwà, cioè entra a fare parte degli adulti che coprono la Torah

3. L'espressione verbale "segna" (riga 11) può essere sostituita con:

A Significa   B Procura   C Disegna   D Indica

4. Una ragazza ebrea raggiunge la sua maturità "legale":

A A dodici anni e un giorno   B A tredici anni e mezzo   C A quattordici anni   D A undici anni e un mese

5. Quali di queste affermazioni sono vere o false:

A Il patrimonio culturale viene trasmesso alle ragazze dodicenni V F
B I genitori ebrei hanno il compito di educare i propri figli V F
C In varie comunità si usa spalmare di miele gli occhi del neonato V F
D A tredici anni i ragazzi diventano rabbini della comunità V F

OSSERVO E RIPRODUCO

COMPETENZA

Osservare l'immagine pittorica e cogliere il suo autentico significato, quindi riprodurla con cura attraverso l'uso delle matite colorate.

Gli ebrei in sinagoga

Maurice Gottlieb (1856-1879), pittore ebreo-polacco, nel 1878 dipinge *Ebrei in preghiera nella sinagoga a Yom Kippur*, oggi conservato presso il Museo d'Arte di Tel Aviv. Il dipinto rappresenta appunto una sinagoga con gli ebrei che pregano durante lo Yom Kippur, la festa di espiazione per i peccati del popolo. Gli uomini sono rivestiti dal tradizionale scialle ebraico: il tallit. Un rabbino è seduto davanti al leggio con i rotoli della Torah, mentre le donne, separate dagli uomini, sono poste su un piano sopraelevato: il matroneo.

1. Rispondi alle seguenti domande.

A Chi è l'autore di questo dipinto? ....

B Dov'è conservato questo dipinto? ....

C Qual è il titolo del dipinto? ....

D Che cos'è la festa di Yom Kippur? ....

E Da che cosa sono rivestiti gli uomini? ....

F Dove si trovano le donne? ....

G Che cosa fa il rabbino seduto davanti al leggio? ....

2. Riproduci con cura l'immagine usando le matite colorate.

COMPLETO E RIPASSO

COMPETENZA

Completare le idee chiave dei singoli paragrafi inserendo le parole mancanti per fare un ripasso generale e riassuntivo dei contenuti dell'unità.

Completa le idee chiave dei vari paragrafi collocando negli appositi spazi le seguenti parole:
Aderenti – cerimoniale – dottrinali – fede – filosofia – liberazione – monoteista – morte
nome – pellegrinaggio – principali – religione – rivelazione – taoismo – totale – vita

1. L'ebraismo e lo Shabbat

L'ebraismo è una religione .... che nasce con la .... di Dio ad Abramo; i suoi fedeli vivono soprattutto nello Stato di Israele.

2. Il Sèder di Pasqua

La cena pasquale, celebrata in memoria della .... dalla schiavitù d'Egitto, ha un .... chiamato *Sèder di Pesach*.

3. L'Islam di Maometto

L'islamismo è una religione monoteista fondata da Maometto e il suo .... Islam significa sottomissione .... a Dio.

4. I musulmani e Allah

I musulmani hanno diverse tradizioni ...., ma sono sostanzialmente uniti dalla .... in Allah e dal forte attaccamento al Corano.

5. Il Dio cosmico degli indù

L'induismo, i cui .... vivono soprattutto in India, è una .... con migliaia di divinità.

6. Le usanze dell'induismo

Tra le maggiori usanze indù ci sono il bagno rituale nel fiume Gange, il .... e la celebrazione della .... a Benares.

7. La religiosità del Buddha

Il buddhismo più che una religione è una .... di .... ed è diffuso soprattutto in Asia; il suo fondatore è Buddha.

8. Le religioni in Estremo Oriente

Le .... religioni dell'Estremo Oriente, oltre all'induismo e al buddhismo, sono il ...., il confucianesimo e lo shintoismo.

Il rapporto fede e scienza

GUARDO E DESCRIVO

COMPETENZA

Osservare le immagini fotografiche cercando di comprendere ciò che rappresentano, quindi completare i relativi box descrittivi.

Che cosa ti ricorda questa foto a proposito della vicenda di Galileo Galilei?

....

....

....

....

....

....

Questa foto mostra lo spazio con la .... tra il Sole e la ....

Essa richiama l'.. che, secondo una .... scientifica, l'universo ha avuto origine con il ....

In questa foto sono immortalati i resti del bombardamento atomico su ...., che sono diventati un monumento alla pace. Esso ricorda che la ...., e in questo caso l'energia ...., se non viene .... per il bene dell'...................................... può diventare un terribile .... di morte.

LEGGO E COMPRENDO

COMPETENZA

Leggere il testo e riflettere per riconoscere il significato di parole e frasi, comprendendo il senso globale del contenuto.

Il dialogo tra scienza e fede

La Chiesa dialoga con la scienza, cercando un equilibrio con la fede, ha spiegato papa Francesco il 26 giugno nell'udienza per i professori e gli studenti del corso estivo in Astrofisica e Astronomia, dal titolo "Galassie: vicine e lontane, giovani e vecchie", promosso dalla Specola vaticana. Il Pontefice ha ringraziato i docenti «che hanno dedicato tempo e fatica» per introdurre i partecipanti, «giovani astronomi, nell'arduo e affascinante lavoro di studiare l'universo, dono prezioso del Creatore», e constatando la molteplicità di provenienze e di culture degli studenti, ha affermato che «è giusto che tutti i popoli abbiano accesso alla ricerca e alla formazione scientifica»; allo stesso tempo dobbiamo fare in modo «che tutti i popoli possano godere dei benefici della scienza» e che non vi siano disparità culturali o economiche che creino discriminazioni o svantaggi per alcuni. L'universalità e il grande valore sociale della ricerca scientifica sono alcune delle principali ragioni per cui «la Chiesa è impegnata nel dialogo con le scienze a partire dalla luce offerta dalla fede, poiché è convinta che la fede può allargare le prospettive della ragione, arricchendola. In questo dialogo con le scienze, la Chiesa si rallegra del mirabile progresso scientifico riconoscendo l'enorme potenziale che Dio ha dato alla mente umana, come una madre si rallegra ed è giustamente orgogliosa quando i suoi figli crescono "in sapienza, età e grazia"». Purtroppo «solo una piccolissima parte della popolazione mondiale ha accesso» alle conoscenze scientifiche «che aprono il cuore e la mente ai grandi interrogativi che l'umanità da sempre si pone: da dove veniamo? Dove andiamo? Che senso ha questo universo di centomila milioni di galassie?...». Domande che predispongono gli uomini «all'incontro con il Creatore, Padre buono, poiché "in lui viviamo, ci muoviamo ed esistiamo"».

[Da: G. Galeazzi, *Il dialogo tra scienza e fede*, in www.vaticaninsider.it]

1. Che cosa fa la Chiesa con la scienza, secondo quanto detto da papa Francesco?

- [A] Sostiene la formazione scientifica con la speranza e la carità
- [B] Dialoga con la scienza, cercando un equilibrio con la fede
- [C] Ringrazia la scienza per il tempo e la fatica della ricerca
- [D] Agevola ogni esperienza scientifica innovativa

2. La Chiesa è convinta che:

- [A] La fede può allargare le prospettive della ragione
- [B] La scienza deve dipendere esclusivamente dalla fede
- [C] La scienza può camminare in totale autonomia
- [D] La ragione riceve luce dalla fede nella scienza

3. Alla riga 16, l'aggettivo "mirabile" potrebbe essere sostituito con:

[A] Memorabile [B] Lodevole [C] Puntuale [D] Convergente

4. Alla riga 18, il termine "grazia" può essere sostituito con:

[A] Armonia [B] Stile [C] Maniera [D] Spirito

5. Quali di queste affermazioni sono vere o false:

- [A] La Chiesa non è interessata al dialogo con la scienza [V] [F]
- [B] La Chiesa si rallegra del mirabile progresso scientifico [V] [F]
- [C] Una parte della popolazione ha ragione e fede scientifica [V] [F]
- [D] Le conoscenze scientifiche chiudono il cuore e la mente [V] [F]

RIFLETTO E RIASSUMO

COMPETENZA

Riflettere sul contenuto proposto collegandolo a quello del libro e riassumere il paragrafo completando la mappa concettuale.

Per riflettere

Fede e scienza nel caso Galileo: Nel 1979 Giovanni Paolo II ha fatto riesaminare il caso Galileo e alla fine ha affermato che il processo del 1633 è stato il frutto di una tragica, reciproca incomprensione: Galileo presentò il sistema copernicano come una verità scientifica invece di un'ipotesi ancora da confermare; i giudici furono incapaci di dissociare la verità biblica dalla verità cosmologica. In riferimento al caso Galileo, è illuminante ciò che dice la *Gaudium et spes*: «*La scienza aiuta a capire il come e la fede risponde al perché*».

Per riassumere

Completa la mappa sottostante collocando negli appositi spazi le seguenti parole:
Copernicano – cosmologica – dissociare – frutto – Galileo – incomprensione
ipotesi – processo – scientifica – scienziato – tempo – tragica

Giovanni Paolo II fece riesaminare il caso

[....................]

concludendo che

lo	i giudici del	il
[....................]	[....................]	[....................]
aveva presentato il sistema	non avevano saputo	a Galileo fu il
[....................]	[....................]	[....................]
come una verità	la verità	di una
[....................]	BIBLICA	[....................]
e non come una	da quella	e reciproca
[....................]	[....................]	[....................]

OSSERVO E RIPRODUCO

COMPETENZA

Osservare l'immagine pittorica e cogliere il suo autentico significato, quindi riprodurla con cura attraverso l'uso delle matite colorate.

L'Architetto del mondo

William Blake (1757-1827), pittore inglese, nel 1885 dipinge *L'Antico dei giorni*, oggi conservato presso il British Museum di Londra. Nel dipinto mostra una figura "l'Antico o l'Anziano dei Giorni" accovacciato mentre da un circolo di nubi traccia un disegno con una specie di compasso nello spazio scuro sottostante. Il dipinto è un chiaro richiamo a Dio come architetto e ordinatore del mondo.

1. Rispondi alle seguenti domande.

A Chi è l'autore dell'opera? ....

....

B Dov'è conservato questo dipinto? ....

....

C Qual è il titolo dell'opera? ....

....

....

....

D Che cosa rappresenta il dipinto? ....

....

....

....

....

....

2. Riproduci con cura l'immagine usando le matite colorate.

COMPLETO E RIPASSO

COMPETENZA

Completare le idee chiave dei singoli paragrafi inserendo le parole mancanti per fare un ripasso generale e riassuntivo dei contenuti dell'unità.

Completa le idee chiave dei vari paragrafi collocando negli appositi spazi le seguenti parole:
Accordo – bene – bisogno – creazione – fede – fenomeni – incompatibili – misteri – principio protagonisti – quando – questione – rapporto – riflessioni – rivoluzione – vicenda

1. La scienza nell'età moderna

La scienza nell'età moderna inizia con la ………………………… scientifica i cui ………………………… sono Copernico e Galileo.

2. La vicenda di Galileo Galilei

Il caso Galileo ha pesato molto sul ………………………… fede e scienza, favorendo l'idea che esse siano ………………………….

3. Le ali della verità

Fede e ragione sono due realtà in totale …………………………, poiché fede e ragione sono le ali della verità che si completano a ………………………….

4. La scienza a servizio dell'uomo

La scienza ha la responsabilità di operare sempre per il ………………………… dell'uomo e, in tal senso, la ………………………… deve andarle in soccorso.

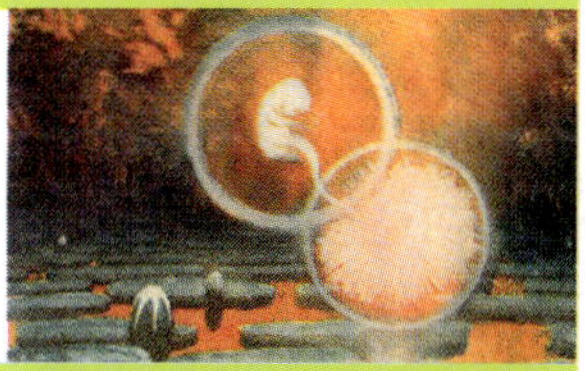

5. Fede e scienza in dialogo

L'uomo, per dare risposte ai ………………………… della vita e dell'universo, ha ………………………… di promuovere un rispettoso dialogo tra fede e scienza.

6. Le origini secondo la Bibbia

La Bibbia affronta la ………………………… delle origini dal punto di vista del chi e del perché della ………………………….

7. Le origini secondo la filosofia

La filosofia, dopo varie …………………………, arriva a parlare delle origini introducendo un ………………………… divino eterno e soprannaturale.

8. Le origini secondo la scienza

La scienza spiega le origini dal punto di vista del ………………………… e del come si sono realizzati i vari ………………………….

Cultura e questioni sociali

GUARDO E DESCRIVO

COMPETENZA

Osservare le immagini fotografiche cercando di comprendere ciò che rappresentano, quindi completare i relativi box descrittivi.

Che cosa ti ricorda questa foto a proposito della famiglia? Spiegalo brevemente.

....

....

....

....

....

....

Questa foto ritrae un operaio al lavoro. Oggi, però, occorre superare l'ingiustizia .... e la triste realtà della ...., che è «la conseguenza di un .... che non è più capace di creare ...., perché ha messo al centro un ...., che si chiama ....» (papa Francesco).

Questa foto mostra la vita nascente e la .... insegna che fin dall'.................... nell'embrione .... risplende il .... della realtà di ....

LEGGO E COMPRENDO

COMPETENZA

Leggere il testo e riflettere per riconoscere il significato di parole e frasi, comprendendo il senso globale del contenuto.

Non c'è sviluppo senza famiglia

L'8 maggio 2014 Papa Francesco ha ricevuto i capi delle agenzie delle Nazioni Unite guidati dal segretario generale Ban Ki-Moon, cui ha rivolto un discorso rispettoso ma che ha incluso una chiara critica alla promozione dell'aborto e dell'eutanasia da parte di vari organismi dell'ONU.
Il Papa ha riconosciuto i risultati conseguiti dalle Nazioni Unite nel campo dell'educazione e della lotta alla povertà, ma ha subito aggiunto che «i popoli meritano e sperano frutti ancor migliori» e programmi scelti «con generosità e coraggio». Esistono infatti «cause strutturali della povertà e della fame», e non le si combatte veramente se si rinuncia «a dare una protezione adeguata alla famiglia».
La famiglia, ha aggiunto il Papa, si protegge solo insieme alla vita, «opponendosi all'economia dell'esclusione, alla cultura dello scarto e alla cultura della morte, che, purtroppo, potrebbero diventare una mentalità accettata passivamente».
Ai dirigenti dell'ONU il Pontefice ha ricordato Zaccheo, il quale di fronte a Gesù «prese una decisione radicale», che non aveva solo una dimensione di solidarietà economica ma abbracciava una visione generale della verità e della giustizia. «Lo sguardo, spesso senza voce, di quella parte di umanità scartata, lasciata alle spalle – ha detto Papa Francesco – deve smuovere la coscienza degli operatori politici ed economici e portare a scelte generose e coraggiose, che abbiano risultati immediati, come quella decisione di Zaccheo».
Quanto all'economia, il Papa ha fatto notare che Gesù «non chiede a Zaccheo di cambiare il proprio lavoro, né di denunciare la propria attività commerciale; lo induce solo a porre tutto, liberamente ma immediatamente e senza discussione, al servizio degli uomini». L'episodio di Zaccheo, così, mostra che la solidarietà passa attraverso una «indispensabile collaborazione dell'attività economica privata e della società civile».

[Ridotto da: M. Introvigne, *Il Papa all'Onu: «Non c'è sviluppo senza famiglia»*, in www.lanuovabq.it]

1. L'8 maggio 2014 Papa Francesco ha riconosciuto:
- A I risultati conseguiti dalle Nazioni Unite nella lotta alla povertà
- B Il segretario generale Ban Ki-Moon con un discorso rispettoso
- C I capi delle agenzie delle Nazioni Unite guidati dal segretario

2. Si protegge solo insieme alla vita:
A Il Papa B La famiglia C L'ONU D Il segretario generale

3. Di fronte a Gesù «prese una decisione radicale»:
A L'ONU B Il Pontefice C Zaccheo D Il segretario generale

4. L'espressione verbale "induce" (riga 22) potrebbe essere sostituita con:
A Distoglie B Implode C Interpreta D Persuade

5. Quali di queste affermazioni del Papa sono vere o false:

A	La solidarietà economica è necessaria al progresso scientifico	V	F
B	I popoli meritano e sperano frutti ancor migliori	V	F
C	Lo sguardo senza voce dell'umanità scartata è fondamentale	V	F
D	Gesù non chiede a Zaccheo di cambiare il proprio lavoro	V	F

COMPETENZA

Riflettere sul contenuto proposto collegandolo a quello del libro e riassumere il paragrafo completando la mappa concettuale.

Per riflettere

Cultura contemporanea: Giovanni Paolo II affermava: «*La cultura è quella forma peculiare con cui gli uomini esprimono e sviluppano le loro relazioni con il creato, fra di loro e con Dio, formando l'insieme dei valori che caratterizzano un popolo*». Ma, oggi, la società contemporanea è tentata di costruire un mondo senza Dio.
È pertanto necessario un rinnovato progetto di cultura cristiana per ridare alla società una cultura più umana. Illuminata dalla fede, la cultura potrà tornare a promuovere i valori che donano alla società solide prospettive di pace.

Per riassumere

Completa la mappa sottostante collocando negli appositi spazi le seguenti parole:
Contemporanea – costruire – culturale – Dio
mondo – pace – società – umana – valori

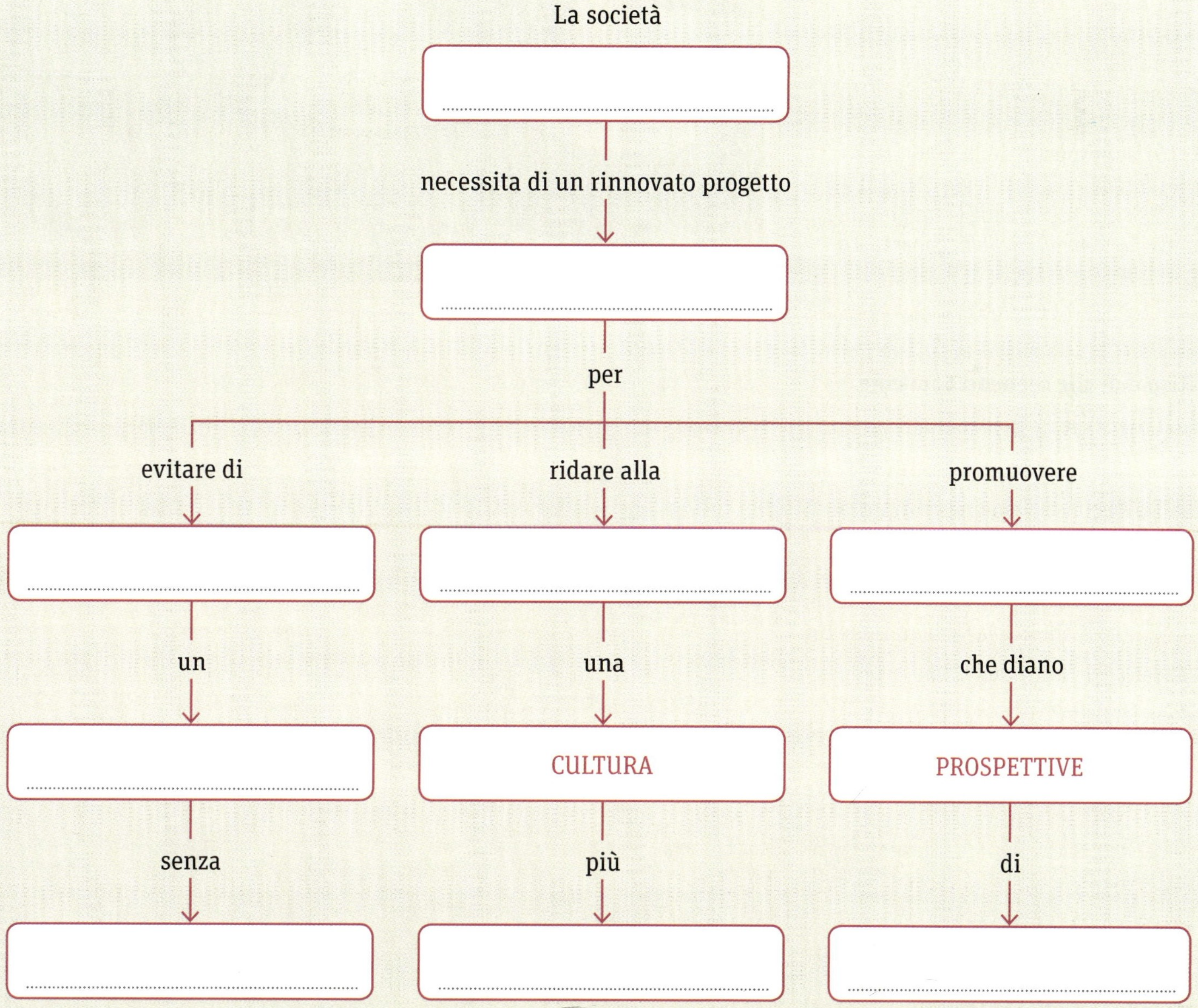

COMPETENZA

Osservare l'immagine pittorica e cogliere il suo autentico significato, quindi riprodurla con cura attraverso l'uso delle matite colorate.

La famiglia

La società ha sempre riconosciuto un ruolo fondamentale alla famiglia: la forma più semplice di comunità, quella più diffusa e in cui l'uomo, normalmente, è inserito fin dalla nascita. La famiglia è una realtà universale, presente in tutte le culture e in tutte le civiltà ed è così importante che la Dichiarazione Universale dei Diritti dell'Uomo afferma: «La famiglia è il nucleo naturale e fondamentale della società e ha diritto a essere protetta dalla società e dallo Stato» (art. 16). A proposito della famiglia, il pittore francese Egdar Degas (1834-1917), tra il 1858 e il 1869 realizza un grande dipinto: *La famiglia Bellelli*, conservato presso il Musée d'Orsay di Parigi.

1. Rispondi alle seguenti domande.

A Chi è l'autore dell'opera? ....

....

B Dov'è conservato questo dipinto?

....

....

C Che cosa afferma la Dichiarazione Universale dei Diritti dell'Uomo a proposito della famiglia? ....

....

....

....

....

....

2. Riproduci con cura l'immagine usando le matite colorate.

COMPETENZA

Completare le idee chiave dei singoli paragrafi inserendo le parole mancanti per fare un ripasso generale e riassuntivo dei contenuti dell'unità.

Completa le idee chiave dei vari paragrafi collocando negli appositi spazi le seguenti parole:
Bene – chiamata – città – comune – contributo – fondamento – maestra – orizzonte
persona – problemi – significato – società – spirituale – storia – sviluppo – vita

1. La cultura contemporanea

La società contemporanea è tentata di costruire la .... degli uomini senza Dio, dando vita a una cultura chiusa nel suo .... terreno.

2. Crisi dei valori e mass-media

La società contemporanea ha prodotto la crisi dei valori, una crisi che coinvolge il .... stesso della ....; a ciò contribuiscono anche i mass-media.

3. Il ruolo della famiglia

La famiglia costituisce il fondamento portante della ....: esercita un ruolo decisivo per il bene della .... e della società stessa.

4. Il matrimonio cristiano

Il matrimonio fondato sull'unione fra uomo e donna trova il suo .... non solo nella .... della civiltà, ma anche nella Bibbia.

5. Il mondo del lavoro

Il lavoro è un valore: da una parte è la risposta alla .... di Dio a governare la terra, dall'altra è un .... alla piena realizzazione dell'uomo.

6. I princìpi della dottrina sociale

La Dottrina sociale della Chiesa, la cui via .... è la carità, si fonda su quattro princìpi: la persona, il bene ...., la sussidiarietà e la solidarietà.

7. La bioetica a servizio dell'uomo

La bioetica è una scienza che si occupa dei .... relativi allo .... sempre più crescente della medicina e della biologia.

8. Il sindaco Giorgio La Pira

Giorgio La Pira, divenuto sindaco di Firenze, lavora per promuovere il .... materiale e .... delle persone.

Saper fare il cartellone di religione

Il cartellone di religione consiste in un lavoro fatto di immagini e parole, attraverso il quale viene presentato in modo essenziale un particolare argomento.

Le regole base	**Il carattere**	Un cartellone deve contenere informazioni immediate e presentarsi in modo accattivante; deve attirare l'attenzione attraverso l'uso equilibrato di parole e immagini; deve offrire un messaggio visivo facilmente comprensibile; deve esprimere armonia e bellezza; deve quindi evitare confusione e disordine per poter essere un manifesto chiaro ed efficace dei contenuti proposti.
	La forma	La forma rettangolare è la più semplice e la più pratica: essa si trova già in commercio e non ha bisogno di modifiche. Il cartellone a forma rettangolare può inoltre essere usato sia in senso orizzontale sia in senso verticale.
	I colori	I colori giocano un ruolo importante: sanno suscitare sensazioni ed emozioni; pertanto occorre conoscere i loro significati essenziali.
		Rosso – Esprime dominio e passione, calore e vita.
		Giallo – Esprime splendore e ricchezza, gioia e luce.
		Arancio – Esprime allegria e felicità, amore e gloria.
		Verde – Esprime calma e riposo, serenità e speranza.
		Azzurro – Esprime libertà e ideale, fedeltà e meraviglia.
		Viola – Esprime maestà e mistero, serietà e timore.
		Bianco – Esprime pace e purezza, bene e tranquillità.
		Nero – Esprime lutto e solennità, buio e morte
	La struttura	Per una comprensione immediata del cartellone occorre evitare di riempire il più possibile gli spazi: meglio lasciare "spazi vuoti" per valorizzare una parola o un'immagine, eliminando tutto ciò che può disturbare. La struttura inoltre può essere simmetrica (quando tutto è composto in parti uguali rispetto al centro) o asimmetrica (quando non c'è centralità nella composizione).
La grafica	**Il titolo**	Il cartellone, in primo luogo, deve avere il titolo a caratteri grandi e, se si vuole, anche un sottotitolo che lo completi a caratteri più piccoli. Il titolo deve essere ben leggibile, originale e incisivo. Quindi, per scrivere i caratteri del titolo si può prendere esempio dai caratteri di riviste e giornali, oppure si possono stampare con il computer e poi incollarli sul cartellone.
	Le immagini	Le immagini (foto e disegni), correlate al titolo e ben distribuite, devono contribuire alla realizzazione del messaggio che si vuole trasmettere; pertanto prima di incollarle conviene fare alcune prove appoggiando le immagini selezionate sul cartellone stesso. Inoltre, occorre evitare la mescolanza di foto in bianco e nero con quelle a colori: bisogna scegliere l'una o l'altra soluzione. Infine, vale la regola: poche immagini ma belle.
	Il disegno	L'uso del disegno nel cartellone deve essere semplice: deve far vedere i tratti essenziali del tema che si vuol rappresentare, preferibilmente deve essere simbolico (una mano, un uomo, una croce, un frutto, una strada...).
	I testi	I testi, che devono essere semplici e chiari, vanno inseriti con equilibrio senza riempire troppo il cartellone. Essi possono distinguersi in testi fondamentali e testi descrittivi. Il testo fondamentale può essere collocato sotto il titolo a sinistra del cartellone (come gli articoli di fondo sulle prime pagine dei giornali); quelli descrittivi – se necessario – conviene inserirli su due o tre righe accanto alle immagini.